I0149977

SÉ FELIZ
¡Siempre!

¡Crea el futuro que tu deseas!
Aún cuando piensas que no puedes

OTROS LIBROS DE LOS AUTORES

Estos libros pueden ser adquiridos mediante la página www.amazon.com.mx, www.lulu.com o bien mediante Ignius Media directamente llamando al +52 (477) 773-0005 o escribiendo a info@ignius.com.mx.

El Prodigio

- Integra la Competitividad como herramienta clave en todas las áreas de tu vida.
- www.elprodigic.com.mx
- Ignius Media Innovation, 2008

Despertar

- Libera el potencial infinito que hay dentro de ti.
- www.despertemos.net
- Ignius Media Innovation, 2009

Vitaminas para el Éxito

- ¡Consigue lo que deseas!
- www.igniusmedia.com
- Ignius Media Innovation, 2010

Despertares en Armonía

- Relatos que enriquecen e inspiran el corazón, realizados por Mujeres que comparten su Despertar a la Armonía.
- www.despertemos.net
- Ignius Media Innovation, 2010

Despertares en Armonía II

- Nuevos relatos que enriquecen e inspiran el corazón.
- www.despertemos.net
- Ignius Media Innovation, 2013

El Gran Libro de los Procesos Esbeltos

- Los principios actuales de LEAN MANUFACTURING en industrias, negocios y Oficinas, ¡Aplicados sin Igual!
- www.igniusmedia.com
- Ignius Media Innovation, 2014

El Gran Libro de las Mejores Preguntas para Vender – Versión ORO-

- Los secretos de la herramienta más poderosa que puede DUPLICAR TUS VENTAS: Vende Preguntando®
- www.igniusmedia.com
- Ignius Media Innovation, 2014

El Gran Libro de las Mejores Preguntas para Vender – Versión PLATINO-

- ¡MÁS! de los secretos de la herramienta más poderosa que puede DUPLICAR TUS VENTAS: Vende Preguntando®
- www.igniusmedia.com
- Ignius Media Innovation, 2014

Lo que la Gente Lista sabe del Aprendizaje

- El aprendizaje es la llave que te permitirá abrir cualquier puerta en tu vida
- www.igniusmedia.com
- Ignius Media Innovation, 2014

Planeación Estratégica TOTAL

- Descubre lo que tienes que saber para ser EXITOSO EN LOS NEGOCIOS.
- www.igniusmedia.com
- Ignius Media Innovation, 2014

Recursos Humanos HUMANOS

- El proceso ACTUAL para tener Personal Feliz y Organizaciones Prósperas con un Enfoque 100% Humano.
- www.igniusmedia.com
- Ignius Media Innovation, 2015

Abundancia Ilimitada

- Los Hábitos Clave para SER FELIZ, SALUDABLE y SIEMPRE lejos de los Problemas Económicos.: La Fórmula para tomar CONTROL INMEDIATO de tu Presente y Futuro ¡y Ser FELIZ!
- www.igniusmedia.com
- Ignius Media Innovation, 2015

Empoderamiento Emprendedor

- SNAP: La Metodología que ha Formado EMPRENDEDORES IMPRABLES

- www.igniusmedia.com

- Ignius Media Innovation, 2015

El Emprendedor SIN LÍMITES

- SNAP: ¡A Metodología que ha formado EMPRENDEDORES INNOVADORES

- www.igniusmedia.com

- Ignius Media Innovation, 2015

Sé tu Jefe en 6 MESES

- SNAP: La Metodología que ha guiado a los EMPRENDEDORES TRIUNFADORES.

- www.igniusmedia.com

- Ignius Media Innovation, 2015

Innovación SNAP

- Descubre cómo, desde emprendedores hasta trasnacionales han obtenido resultados sin igual ¡Sin complicaciones!.

- www.igniusmedia.com

- Ignius Media Innovation, 2016

Liderazgo Definitivo

- Cómo los líderes aumenta su éxito en la vida y los negocios.
- www.igniusmedia.com
- Ignius Media Innovation, 2016

Productividad Millonaria

- El camino único que garantiza que logres mucho más en menos tiempo.
- www.igniusmedia.com

Ignius Media Innovation, 2016 Estrategia Disruptiva

- Desata el Poder de la Estrategia al MÁXIMO NIVEL.
- Ignius Media Innovation, 2017

Poder Kaizen

- El método preferido de MEJORA CONTINUA para maximizar los resultados de toda organización.
- Ignius Media Innovation, 2017

Sé feliz ¡Siempre!

D.R. © 2016, Ana María Godínez González
www.ignius.com.mx

Publicado por: © 2016, Ignius Media Innovation,
León, Guanajuato, México
+52 (477) 773—0005
www.igniusmedia.com

Diseño de Cubierta: Pablo Vázquez
Diseño de Interiores: Gustavo Hernández Moreno
Corrección de Estilo: Alonso Pérez Fernández
Primera Edición: Agosto, 2016
ISBN: 978-607-97520-1-9
Registro de Autor: 03-2016-100609445600-01

puesto sus mejores esfuerzos en preparar este libro. No obstante, ellos no hacen o se comprometen a algún tipo de responsabilidad o garantía. Ningún tipo de garantía puede ser extendida por ningún tipo de representante de ventas o distribución. Las recomendaciones y estrategias contenidas en el presente, pueden no ser ajustadas a tu situación en particular.

ANA MARIA GODÍNEZ

Psicóloga, Empresaria, Escritora, Conferencista, Máster en Dirección Estratégica y Gestión de la Innovación; Experta en Grupos Operativos, Herramientas Avanzadas de Educación y Entrenamiento Dinámico, Liderazgo Transformacional y Ventas; especializada en procesos Industriales y Métodos de Negociación y Solución de Conflictos, cuenta con más de 16 años de experiencia práctica profesional.

Su formación y crecimiento interpersonal la han llevado a desarrollar innovadoras perspectivas en soluciones únicas de Productividad, Liderazgo,

Ventas, Estrategia, Marketing, Éxito y Desarrollo Personal, creando un gran poder de transformación y acción, generando enormes beneficios, ventas y utilidades en las empresas y organizaciones asesoradas.

Desde muy temprana edad demostró sus habilidades en los negocios y relaciones humanas, creando emprendimientos de alta calidad, pero sobre todo, siempre orientados a resultados con una amplia perspectiva de futuro. En lo académico se destacó por ser invitada por profesores a compartir sus habilidades en Aprendizaje Acelerado.

Sus habilidades de Comunicación la han llevado a ser ampliamente reconocida por sus "video— entrenamientos" que, mes a mes, llegan a miles de personas en toda América.

AGRADECIMIENTO

Agradezco todos y cada uno de los momentos de mi vida, hayan sido negativos o positivos, ya que gracias a estos eventos que he vivido me he convertido en una mujer plena, integra, completa y por supuesto muy feliz.

Gracias a ti Papá porque con tu partida súbita de este mundo y sin esperarla, me diste la mayor lección y regalo que he tenido en la vida, y ésta fue; tienes que vivir y disfrutar un día a la vez, ya que nadie puede tener la certeza de despertar al día siguiente o de terminar su día.

Gracias a ti estimado lector por haber tomado acción para tener este libro en tus manos, espero que lo disfrutes y aporte cosas muy positivas a tu vida, ya que mi clara intención es compartir la manera en la que pienso y en lo que creo firmemente, con el objetivo de que el mundo tenga más personas felices, plenas y dispuestas a tomar la acción necesaria para disfrutar y vivir al máximo esta gran experiencia que llamamos vida.

DEDICATORIA

Mamá este libro es un tributo a tu vida. Fuiste la mejor maestra que me enseño a siempre luchar y hacer todo lo que me corresponda y este en mi manos para ser Feliz Siempre.

Hoy te dedido este libro con todo mi cariño y agradecimiento a los grandes REGALOS que hoy te reconozco y doy tributo. Gracias por enseñarme siempre a tener Actitud positiva ante todos los eventos de la vida, gracias por enseñarme a tener una Fortaleza inagotable para nunca darme por vencida, gracias por contagiarme tu Pasión por vivir la vida cada día al máximo sin quejas y disfrutando cada uno de sus momentos.

Gracias porque durante tus últimos días me diste toda la inspiración de terminar este libro y de comprobar que a pesar de todo lo que nos suceda cada uno de nosotros toma la decisión de SER FELIZ.

"El Valor de lograr lo imposible está en tu mente y en tu corazón".

Ana María Godínez

INTRODUCCIÓN

El legado de una vida feliz

Me encuentro muy feliz y realmente entusiasmada por estar escribiendo este libro que tiene la intensión de reflejar muy a mi estilo, la filosofía de vida en la que creo y que me ha permitido ser muy feliz, y es por eso que quiero compartirlo en este libro, ya que de todo corazón quiero que más personas sean felices y logren cada uno de sus sueños. Estoy convencida de que estamos aquí para ser felices y disfrutar, aún a pesar de todo lo negativo que existe en el mundo y que nos puede suceder.

Tengo la fortuna de conocer un cliente que tiene una filosofía de vida similar y el siempre dice que "la vida es un privilegio y que la vida no sólo es vivirla, sino cuidar el valioso regalo que es la vida, con una total responsabilidad y consciencia de que somos los únicos responsables de vivir y disfrutar de ella."

Es nuestra responsabilidad ser felices y somos los únicos responsables de que así sea. Quiero ser súper clara, el ser felices es el reto de la vida y todos los días debemos de tomar consciencia, ya que cada día de nuestra vida tendremos evento o circunstancias que nos afectarán y en muchos de estos eventos tendremos control y en otros no, pero es en esos momentos donde debemos de sacar nuestra fuerza de voluntad, carácter, actitud, hábitos positivos y todo lo que has aprendido en tu vida, pues el cómo reaccionamos en esos momentos sin duda determinará nuestro nivel de actitud y felicidad.

Éste es un libro para personas que están dispuestas a tomar acción en su vida. No es un libro solo para leer y que terminado digas, "estuvo padre", "es más de lo mismo", "esto yo ya lo sabía", "esa Ana, que padre piensa", etc., porque si esto pasa por tu mente realmente no vas a hacer nada y va a ser un libro más en tu vida. Te reto a que tomes una o muchas de las claves que compartiré, así si un día nos encontramos y me dices que leíste este libro y que te gustó, mi siguiente pregunta será: ¿qué cambió en tu vida?, ¿qué aprendiste e implementaste en tu vida?, ¿sigues siendo feliz?, ¿realmente tomaste responsabilidad de tu vida, todos los días de tu vida?

Disculpa por ser tan directa, pero lo digo con todo el derecho porque tengo la fortuna de estar semana a semana con personas diferentes, y a lo largo de mi carrera profesional he compartido con miles de personas en toda América, y lo que me ha dejado este recorrido profesional como conclusión en este tema del éxito y la felicidad personal, es que todos quieren una mejor vida, más éxito, un mejor trabajo, ser más plenos y felices, estar más saludables, pero sabes algo, muchas de estas personas por no decirte la mayoría, simplemente no quieren hacer nada para que eso suceda, todas estas palabras sólo ocupan un espacio en su mente y viven queriendo todo como una fantasía y la verdad es que si ellos no hacen algo para que suceda nadie más lo va a hacer, así que te invito y desafío para que seas una persona que realmente tome el control de su vida todos los días de su vida. Si se puede y la primer parte, por no decirte que el 80% del éxito de ser más feliz dependerá de tomar consciencia y acción para que así suceda.

Entonces ¿estás listo o lista para actuar en favor de tu felicidad?, ¿estás preparado o preparada para tomar el control o las riendas de tu vida?, ¿o por el contrario dejarás que un libro más pase por tu vida y tú seguirás igual? La decisión será tuya y de nadie más.

Por supuesto que aquí y más adelante en tu vida el enemigo a vencer será tu zona de confort, el miedo a cambio o hacer algo diferente, la angustia o temor a hacer algo por ti y para ti, sin esperar que alguien más te rescate o solucione tu vida. La mejor formar de aprovechar todo lo que quiero compartir contigo sin duda será tomar acción.

Así que te doy la bienvenida a esta nueva aventura en la cual tú eres el protagonista y el actor principal para que la felicidad y todos los beneficios que ésta conlleva comiencen a manifestarse en tu vida.

De mi parte en este libro y todos los días de mi vida estarán dedicados a compartir, sembrar y esparcir éste y otros mensajes a toda persona que conozco y que conoceré en esta gran experiencia que llamamos vida.

CONTENIDO

CAPÍTULO I

¿Por qué NO somos felices?

"Si quieres cambiar al mundo cámbiate a ti mismo".

–Mahatma Gandhi, figura central del movimiento de independencia indio y abogó por la no violencia activa.

¡Hola! de nuevo ¿Cómo te va? Me da mucho gusto que te hayas animado a leer este libro, te pido que seas muy persistente en tu lectura y por ningún motivo vayas a abandonar este libro, muchos han logrado cosas increíbles aplicándolo a su vida diaria.

Te aseguro que descubrirás lo sencillo que es ser feliz, sólo falta cómo te decía anteriormente, que tú de manera consciente lo decidas, perdón por repetirlo tanto, pero la verdad lo seguiré repitiendo cada vez que pueda je,je, ya que es ahí donde puede comenzar el primer paso para la felicidad.

El tema de Ser feliz, es uno de los temas más buscados y necesitados por el ser humano, digamos que muchas personas se pasan su vida buscando la felicidad y lamentablemente muchos no la encuentran y viven sus días frustrados y frustrando la vida de los que le rodean, es por eso que primero quiero que comencemos buscando las razones por las que no somos felices:

Buscamos en el lugar incorrecto

Muchas veces creemos que alguien es responsable de nuestra felicidad, que alguien o incluso que algo nos hará felices. Pero esto es un falso pensamiento, cada quien es responsable de su propia felicidad.

Si queremos ser felices tenemos que buscar dentro de nosotros, ése es el lugar correcto y el único lugar donde encontraremos la felicidad.

Tenemos la actitud equivocada

Siempre tenemos la oportunidad de elegir entre dos actitudes: la positiva y la negativa.

Cuando tenemos una actitud mental negativa, nos volvemos un imán grandote, de verdad los humanos somos imanes, y con una mala actitud todo lo que vamos a atraer y tener en la mente es más negatividad, enfermedad, carencia, pobreza, sólo cosas que nos van a lastimar y hacer sentir mal.

Por otro lado, si tenemos la actitud mental correcta, la positiva, tendrás muchas más oportunidades de que seas feliz, porque si tienes algún problema o cualquier adversidad, con esta actitud te levantarás y seguirás adelante.

Entonces para poder ser felices es necesario que tengamos la actitud mental correcta: la positiva.

Esa actitud es la mayor riqueza que puede tener un ser humano, con ella te sientes bien, sigues adelante, inspiras a otros, tu vida va mejorando poco a poco. Todo el tema de la actitud en nuestra vida es como si tuvieras un control en tus manos, tú decides en que actitud mental quieres sintonizar y vivir tu vida.

No sabemos qué es felicidad

En otras ocasiones no somos felices, porque ¡no sabemos qué es la felicidad! Aspiramos a cosas que son difíciles de alcanzar y como no lo logramos a la primera, ya nos cerramos al "no soy feliz".

O muchas veces ni sabemos bien qué es lo que queremos, trabajamos sin saber a dónde queremos llegar o qué queremos conseguir y por lo tanto no llegamos a ser felices, al no estar con algo que nos haga sentir plenos.

No sabemos qué nos hace felices

Si queremos ser felices, en situaciones complicadas, negativas o de dolor, para que nos podamos levantar rápidamente, es necesario siempre buscar cosas que nos hagan estar bien con nosotros, que nos hagan estar felices.

Y créeme que la mayor parte del tiempo, las cosas que nos hacen ser felices son las cosas simples. Pero eso es algo que se nos olvida muy seguido, vamos en la vida como si fuera una autopista de alta velocidad y no nos damos tiempo de valorar, no agradecemos, no nos dejamos sorprender.

Tú podrías ser feliz viendo un atardecer; por ejemplo, en mi caso, cuando los domingos o sábados ando en mi casa (su casa), lavando la ropa, secándola, doblándola y acomodándola, me siento la mujer más feliz del mundo. Y tú podrás decir ¡Eso qué! ¡Cómo es posible! Pero es cierto, lo disfruto, para mí eso es felicidad. Y ése es el punto, que cada quien identifique qué lo hace feliz, qué disfruta de manera sencilla.

El ser feliz no es solamente tener el carro último modelo, vivir en una mansión, viajar por todo el mundo.

Esos son lujos que uno puede gozar, pero no son lo único que hay para ser feliz. Hay una estadística que dice, que cuando tú trabajaste duro para comprarte algún lujo, después de tres meses esa felicidad comienza a bajar, al terminarse, comienzas a desear otras cosas.

Es ahí donde uno, debe hacer un alto y ver qué son las cosas que disfruta y qué lo hacen feliz.

CAPÍTULO II

¿Qué es la Felicidad?

"La puerta de la felicidad se abre hacia dentro, hay que retirarse un poco para abrirla: si uno la empuja, la cierra cada vez más.".

–Soren Aabye Kierkegaard, filósofo danés

Si queremos ser felices, el paso más sencillo es primero entender cómo se detona en nuestro cuerpo y por supuesto entender y saber qué es la felicidad, para saber qué es lo que estamos buscando, ya que de no tener este dato estable en el tope de la mente nos podemos equivocar y frustrar al buscar algo que ni siquiera sabemos qué significa, cómo se detona, cómo la mantengo por más tiempo.

Es por eso que en este capítulo compartiré contigo algunas datos fundamentales, para que ya cuando entremos a las claves y los nuevos hábitos tu mente tenga información clara.

Un proceso fisiológico

Nuestros cuerpos, como seres humanos están diseñados para secretar ciertas hormonas que nos traen la sensación de bienestar, tranquilidad y felicidad. Son tres las principales hormonas, muy importantes en el proceso de la felicidad: la serotonina, la dopamina, y melatonina, estas tres hormonas se conocen como las endorfinas.

La serotonina es una sustancia química cerebral directamente relacionada con la sensación de bienestar. Así, a niveles altos de serotonina, le correspondería un mayor nivel de felicidad.

La dopamina es un neurotransmisor que está directamente relacionado con la estabilidad emocional. La recepción dificultosa de esta sustancia, origina una larga lista de enfermedades relacionadas con el desequilibrio emocional y, por tanto, una falta de bienestar.

La melatonina es una hormona antioxidante que estimula y favorece el sistema inmunológico, aumenta la energía y la capacidad de esfuerzo físico, se relaciona con el control de la temperatura corporal y de los ciclos de vigilia-sueño. Se le atribuyen propiedades relacionadas con la sensación de bienestar, el retraso del envejecimiento y estados de gran calidad en la vejez.

Por tanto podemos concluir que las endorfinas son el vehículo de la felicidad, la euforia, el placer y el alivio del dolor.

Estás hormonas, actúan sobre el sistema nervioso y tienen encomendada la importante labor de conectarnos con el bienestar. Así de importante es su función. Esto quiere decir que cuando te ríes y te sientes feliz, cuando haces deporte y te quedas a gusto, e incluso cuando sientes esa placentera sensación después de comer chocolate, lo que te está pasando es que estás generando endorfinas.

Las endorfinas pueden ser la medicina interior indispensable que puede ayudar a mejorar la función de todo el organismo. Pueden ser consideradas como "moléculas de la felicidad", ya que un estado de ánimo positivo o al realizar ciertas actividades pueden liberarse estas endorfinas. Conoce cómo mejorar su estímulo y conseguir esa dosis de felicidad diaria.

En resumen con las endorfinas alcanzamos un estado de felicidad y de bienestar; pero si no sabemos cómo activarlas vamos a vivir sumergidos en la amargura, en la depresión. Y tan sencillo que es activarlas como un paseo, una caminata, una salida, etc. El proceso para secretar estas hormonas en el cerebro verdaderamente es más sencillo de lo que uno se imaginaría.

Oye Ana y ¿cómo se activan estas moléculas de felicidad? Con gusto te compartiré algunos ejemplos para que tomes acción:

El ejercicio físico, no solamente te hace cuidar tu cuerpo, "tu vehiculo", sino que te mejora tu estado de ánimo, tu autoestima, tu salud, tu apariencia y además de todo esto genera endorfinas cambiando tu estado de ánimo.

Las endorfinas que se generan con el ejercicio provocan una sensación positiva en el cuerpo similar a la morfina y esto sin duda mejora tu actitud mental positiva y te da una energía increíble.

Sé que a esto probablemente me dirás, "pero Ana, esto del ejercicio ya lo sé", y si estuvieras frente a mí yo te diría mi tradicional "y luego..."

Lo más increíble de la vida es que muchas veces tenemos información, datos, deseos pero no hacemos nada con ello, es por eso que si tú realmente quieres ser más feliz, te tengo noticias, tienes que hacer el hábito de ejercitarte, fuera excusas y pretextos ¡puedes hacerlo!

Entonces si te parece bien, te comparto algunos de los beneficios de hacer ejercicio, para que te quede absolutamente claro:

- Reducción del estrés
- Protección contra la ansiedad
- Mejora tu sueño
- Aumento tu autoestima y te verás espectacular
- Fortalece tu corazón
- Aumenta tus niveles de energía

- Disminuye la presión arterial

- Mejora el tono muscular y la fuerza

- Fortalece tus huesos

- Ayuda a reducir tu grasa corporal

Otro detonador de la felicidad a través de estas hormonas son las caricias, la risa, el contacto con la naturaleza, masajes, meditación, Yoga, bailar, cantar, escuchar música, etc.

Aquí la invitación para ti es hacer una y más de estás actividades en tu vida y cada día de ella, recuerda que tú decides la felicidad, y para que suceda tienes que tomar acción.

El diccionario

Define la felicidad, como un estado de ánimo de la persona que se siente plenamente satisfecha por gozar de lo que desea o por disfrutar de algo bueno.

Digamos que la felicidad se manifiesta cuando nos sentimos felices, cuando alcanzamos nuestros objetivos y los disfrutamos y también cuando logramos solucionar nuestros retos o desafíos.

Desde un punto de vista más psicológico la felicidad es un estado emocional positivo que las personas alcanzamos cuando hemos satisfecho nuestro deseos.

Es decir, cuando te has puesto una meta, un objetivo y lo has superado, o simplemente conseguiste algo que deseabas, en ese preciso momento te vas a sentir feliz, pleno, estás en un momento de euforia que quieres compartir con todo el mundo, ¡Padrísimo! Estás experimentando la felicidad.

Por otro lado, cuando no lo logramos, cuando nos empezamos a frustrar, cuando sentimos que ya no hay salidas, que se "atoró la carreta", ahí es cuando nos sentimos mal, infelices.

Para evitar esto, algo muy importante es que en la medida que tengamos claros qué es lo que quieres en tu vida, a nivel físico, emocional, financiero, profesional y espiritual, cuando puedas marcar bien ese objetivo y lo puedas visualizar claramente, la felicidad será mucho más sencilla de alcanzar.

No te estoy diciendo que te llenes las dos manos y hasta los bolsillos de objetivos. No, aquí el punto es ser persistente, con un solo objetivo que te propongas y que consigas con eso se empieza, ya después te pones otro y luego otro, y así vas de poco en poco pero seguro.

Y también tienes que ser consciente de que nada funciona la primera vez y si algo no sucede, ánimo síguele para adelante y como le digo a mis chicas despiertas de la fundación Despertar: "vas en camino a lograrlo..." y si no estoy siendo lo suficientemente clara ¿qué crees? El siguiente párrafo es para Ti.

Y entonces Ana ¿qué es la felicidad? Bueno, pues es un estado donde tú o cualquier persona experimentan un estado de ánimo, donde te sientes plenamente satisfecho o satisfecha por disfrutar lo que depende de ella.

Ahora te tengo una tarea por favor en las siguientes líneas responde con honestidad:

¿Que es para ti la felicidad?

_____

_____

_____

_____

_____

_____

_____

¿Por qué quieres ser feliz?

_____

_____

_____

_____

_____

¿Cuáles serán los beneficios a largo plazo si tú eres feliz?

_____

_____

_____

_____

_____

_____

Gracias por responder con honestidad y para poder seguir avanzando te presentaré a continuación una sección clave de este libro titulada ¡Hazlo ahora! En esta parte y en otras de las secciones de este libro aparecerán con el objetivo de que vayas tomando acción en la medida que vas avanzando con tu lectura, por favor no esperas hasta terminar el libro, mejor comienza de inmediato y pon en práctica hasta que estas tareas o acciones se conviertan en un hábito positivo de tu vida feliz.

A partir de mañana y todos los días de tu vida, cuando ya te despertaste, bañaste, te arreglaste y luces espectacular te invito a pararte al espejo y de frente le digas a esa persona que está frente a Ti y que además es la única que quiere puede algo por ti lo siguiente: "Ana hoy haré todo lo que pueda para que disfrutes y vivas este día al máximo y seas muy feliz, si algo sale mal no te enganches, ocúpate y soluciónalo para que sea de la mejor manera, porque sabes algo, tú estás aquí para ser feliz".

Por favor anula de tu mente algunos pensamientos que están apareciendo en este momento, no te engañes, soy humana y sé lo que te pasa, de seguro por tu mente paso; "¡ay Ana! no seas cursi", "¿neta esto va a cambiar mi vida?", "no inventes eso es lavado de coco", etc., y mi respuesta si estuvieras frente a mí sería, ¡estoy hablando en serio! Y te lo comento porque durante muchos años me he apasionado en el tema del poder más grande que todo ser humano tiene, este poder está en nuestra mente y es el poder del subconsciente.

No me voy a meter a profundidad en el tema, pero lo único que te quiero decir, es que todo lo que hacemos y somos está determinado por todo lo que se encuentra almacenado y guardado en nuestro subconsciente. Aquí tenemos todo lo positivo y lo negativo que determina los resultados que obtenemos en nuestra vida.

Haz de cuenta que el subconsciente es como el capitán de un barco, es quien da las órdenes y dicta el rumbo que tendrá tu vida, si queremos tener una vida muy feliz debemos de ser conscientes de programar nuestro subconsciente con afirmaciones positivas que nos preparen para la felicidad.

Para que me entiendas mejor si por tu mente pasan pensamientos como; "yo no puedo ser feliz", "la felicidad no es para mí", "nadie me hace feliz", "todo lo que hago de nada sirve", etc., se está manifestando el poder de tu mente subconsciente y así será tu vida, pues todos estos pensamientos son como órdenes que se manifestaran en tu realidad.

De la misma manera si tú en tu mente tienes pensamientos positivos, como: "yo estoy aquí para ser feliz y disfrutar", "muy pronto encontraré a quien hacer feliz y ella/él me hará feliz", "yo soy feliz", "la felicidad existe si yo tomo responsabilidad y acción en vida", etc.,

Sé que algunas personas dirán, oye Ana, pero eso es puro lavado de cerebro, ¿a poco por pensar diferente voy a ser feliz? y mi respuesta es ¡por supuesto!

Todo en nuestra vida comienza con los pensamientos y los pensamientos generan emociones y estas emociones determinan los resultados que tenemos en la vida.

La clave aquí siempre será piensa positivo para reprogramar tu mente y con el tiempo ir quitando todas las programaciones negativas que hoy están deteniendo tu felicidad y otros aspectos de tu vida.

HAZLO AHORA

En las siguientes líneas escribe 3 afirmaciones positivas, por ejemplo, "estoy aquí para ser feliz y disfrutar mi vida", "estoy rodeada de personas positivas que me hacen feliz", "cada día soy más feliz", etc.

Ahora es tu turno, te invito a escribir tus afirmaciones positivas.

_____

_____

_____

_____

_____

_____

El hábito que te recomiendo a partir de hoy es comenzar tu día repitiendo estas afirmaciones y al acostarte también, sé que dirás, Ana no inventes ¿eso? Por supuesto al inicio como me pasó a mi hace muchos años, te sientes falso y mentiroso, pero conforme pasan los días algo cambia en tu mente subconsciente y te empiezas a abrir a estas nuevas posibilidades,

Cuando no se logra surge la frustración

Aquí hay que ser muy cuidadosos, porque cuando no logramos cumplir algún objetivo, nos llega esa actitud mental negativa. Luego hasta nos ponemos en una posición de víctima, culpamos a los demás y realmente lo único que logramos es sentirnos "chiquitos", "sentirnos menos", "inútiles", fracasados", etc.

Toda esta frustración, nos hace entrar en una situación de bloqueo, una situación donde ya no vemos opciones. Mientras no nos movamos de esa posición, o no busquemos un estímulo para cambiarlo.

Con una llamada a alguien que siempre tiene una buena actitud, un paseo, cualquier cosa se puede mejorar nuestro humor; si tú no decides moverte de ahí nadie te va sacar de ahí adonde fuiste a parar.

Yo a lo largo de mi vida, si algo he aprendido, es que cuando algo me sale mal, hago un alto, aprendo y me levanto para seguir adelante. Porque yo sé muy bien, que si yo no hago algo para salir de ahí, nadie lo va a hacer por mí.

Eso es algo que quiero compartirte y que nunca se te olvide: somos seres humanos con un potencial enorme, pero es muy importante que creas en ti; independientemente de que hayas pasado por una situación muy difícil, de enfermedad, crisis, o dolor, quiero decirte que eso sucedió y pasó para que tú puedas ser una persona más fuerte y que puedas seguir adelante con tu vida.

Todo esto que he venido compartiendo, es para que veas que la felicidad viene de nosotros hacia los demás y no al revés, no es de los demás hacia nosotros.

Muchas veces tenemos la mala percepción de que va a ser la pareja, los hijos u otra persona la que nos tiene que hacer feliz, y tal vez tú ni siquiera sabes qué te hace feliz. Así que primero reflexiona y pregúntate: ¿qué me hace feliz?

Recuerda que la felicidad pueden ser cosas simples, y eso está bien. También si quieres cosas más grandes, más ambiciosas, trabaja por ello pero trabájalo duro para que lo logres.

HAZLO AHORA

Cuando se presenten estas situaciones frustrando tu vida, haz un alto y pregúntate ¿qué debo aprender de esta situación?, ¿qué tengo que hacer de inmediato?, ¿qué positivo me deja?

El hábito que debes de comenzar a practicar a partir de ahora es hacerte frecuentemente estas preguntas.

Detonador de Felicidad

Las 4 conclusiones sobre la felicidad de los dos estudios más importantes de la historia

Bien es cierto que la felicidad puede estudiarse de muchas formas, desde el punto de vista puramente biológico al sociológico, pero pocas investigaciones han abordado el tema con tanta profundidad como las dirigidas por los estadounidenses William Thomas Grant y Lewis Terman, aunque ambos hayan fallecido hace más de 40 años.

El estudio, fue un ambicioso proyecto que se desarrolló a lo largo de siete décadas. Durante setenta años, se siguieron los pasos de dos grupos: uno estaba formado por 237 estudiantes de Harvard perfectamente sanos, y el otro, por 332 ciudadanos nacidos en los barrios bajos de Boston que no tenían antecedentes penales.

El estudio de Terman, cuyo nombre oficial fue Genetic Studies of Genius y hoy es conocido como el Terman Study of the Gifted ("Estudio Terman de los superdotados"), comenzó su andadura en 1921 estudiando la evolución de 1528 niños y aún no ha finalizado. Es el estudio longitudinal con mayor duración de la historia.

Las cuatro principales conclusiones sobre la felicidad y el desarrollo personal a las que han llegado ambas investigaciones.

1. La felicidad es el amor

Los setenta y cinco años y veinte millones de dólares gastados en el Grant Project apuntan a una única conclusión que se puede reducir a cinco palabras: la felicidad es el amor.

Lo importante, no son sólo las relaciones de pareja, sino también la calidez de las relaciones personales que mantenemos: el mejor garante de nuestra felicidad y salud.

El estudio Terman llega a conclusiones similares: tener una gran red de amistades y cultivar éstas añade años a tu vida.

2. Las personas concienzudas viven más

Ambos estudios llegan a una conclusión que se puede resumir como: El estrés puede provocar ansiedad, y la ansiedad depresión, pero determinados niveles de éste no sólo no son malos: son necesarios.

Las personas que viven sin preocupaciones, y no están motivadas, viven menos. Son las personas que trabajan duro y se esfuerzan las que tienen mejor salud y son más felices.

3. Sé optimista, pero preocúpate cuando sea necesario

Cuando se observa a través de las décadas las vidas de los niños del estudio que vivieron tiempo, se encontró que uno de los mayores hallazgos del proyecto: los niños alegres y optimistas eran menos propensos a vivir hasta una edad avanzada que sus compañeros más formales y sobrios, según el estudio Terman.

El estudio Grant puntualiza que las personas neuróticas están menos satisfechas con su vida y tienen peor salud, pero las personas que se preocupan razonablemente de lo que les pasa, son más felices y viven más

4. Ten una infancia feliz, pero no desesperes

Este punto parece difícil de alcanzar cuando ya se tiene una edad y no se puede viajar atrás en el tiempo, pero si queremos que nuestros hijos sean felices cuando sean mayores más nos vale preocuparnos de su bienestar: se lo pondremos mucho más fácil.

Por suerte, no todo está perdido para las personas que han tenido una infancia difícil. El estudio Grant mostró que un matrimonio feliz puede reparar el daño causado por una infancia desafortunada. Nunca es tarde para abrazar el bienestar

Si quieres leer más sobre este artículo te invito a visitar el artículo publicado por El Confidencial: www.elconfidencial.com/las-cuatro-lecciones-vitales

En lo personal me gusta compartir datos que no los digo yo y que tienen una validez científica, ya que cuando conocemos la existencia de un estudio de tantos años, podemos comenzar a entender que la felicidad es posible para todos, y que no importan los antecedentes que hayamos tenido en nuestra niñez podemos ser felices, y claro en la medida que nosotros elijamos la actitud correcta, dejemos de preocuparnos por cosas que no están en nuestro control o simplemente tomemos consciencia de que para ser feliz debo comenzar a quererme y dar amor a otros sin duda podremos inicia una historia diferente para nosotros y los que nos rodean.

Si tienes la oportunidad de tener hijos aún pequeños de verdad que la mejor inversión de tiempo que les puedes dar es cuando están pequeños, claro si en tu mente está tener hijos felices en el futuro, yo sé que la situación económica en nuestros tiempos es algo complicada, sin embargo debes de tomar responsabilidad de dedicar tiempo de calidad para formación y crianza de tus hijos.

Hoy ni nunca tendremos una sociedad feliz si sólo nos enfocamos a sólo darles cosas materiales, debemos de vivir en toda la extensión de la palabra "la crianza" y esto no es estar todo el tiempo con ellos, sino dedicar tiempo de formación, de compartir, de divertirte, de vivir y disfrutar las cosas simples de la vida, estos son los mejores recuerdos que le podemos dejar a un ser humano.

Ahora te comparto otro estudio que me encanta y es el de una universidad muy prestigiada, la universidad de Harvard, ya que de una manera clara nos comparte hábitos positivos que si lo decides puedes implementar en tu vida de inmediato, porque el ser feliz depende de las acciones que tomemos cada uno de nosotros.

Detonador de Felicidad

13 tips para ser feliz según la Universidad de Harvard

En Harvard, una de las universidades más prestigiosas del mundo, el curso con más popularidad y éxito enseña cómo aprender a ser más felices. La clase de Psicología Positiva dictada por Tal Ben Shahar atrae a 1400 alumnos por semestre y 20% de los graduados de Harvard toman este curso electivo.

Este profesor de 35 años, que algunos consideran "el gurú de la felicidad" destaca en su clase 13 consejos clave para mejorar la calidad de nuestro estado personal y que contribuyen a la generación de una vida positiva:

Tip 1. Practica actividad física: Expertos aseguran que hacer ejercicio ayuda a mejorar el ánimo. 30 minutos de ejercicio es el mejor antídoto contra la tristeza y el estrés.

Tip 2. Desayuna: Algunas personas se saltan el desayuno por falta de tiempo o para no engordar. Estudios demuestran que desayunar te da energía, te ayuda a pensar y desempeñar exitosamente tus actividades.

Tip 3. Agradece a la vida todo lo que tienes: Escribe en un papel 10 cosas que tienes en tu vida que te dan felicidad. ¡Enfócate en las cosas buenas!

Tip 4. Sé asertivo: Pide lo que quieras y di lo que piensas. Ser asertivo ayuda a mejorar tu autoestima. Ser dejado y quedarte en silencio genera tristeza y desesperanza.

Tip 5. Gasta tu dinero en experiencias: Un estudio descubrió que el 75% de personas se sentían más felices cuando invertían su dinero en viajes, cursos y clases; mientras que sólo el 34% dijo sentirse más feliz cuando compraba cosas.

Tip 6. Enfrenta tus retos: Estudios demuestran que cuanto más postergas algo, más ansiedad y tensión generas. Escribe pequeñas listas semanales de tareas y cúmplelas.

Tip 7. Pega recuerdos bonitos, frases y fotos de tus seres queridos por todos lados: Llena tu nevera, tu computador, tu escritorio, tu cuarto, TU VIDA de recuerdos bonitos.

Tip 8. Siempre saluda y sé amable con otras personas: Más de cien investigaciones afirman que sólo sonreír cambia el estado de ánimo.

Tip 9. Usa zapatos que te queden cómodos: Si te duelen los pies te pones de mal humor asegura el Dr. Keinth Wapner, Presidente de la Asociación Americana de Ortopedia.

Tip 10. Cuida tu postura: Caminar derecho con los hombros ligeramente hacia atrás y la vista hacia enfrente ayuda a mantener un buen estado de ánimo.

Tip 11. Escucha música: Está comprobado que escuchar música te despierta deseos de cantar y bailar, esto te va a alegrar la vida.

Tip 12. Lo que comes tiene un impacto en tu estado de ánimo:

- No te saltes comidas, come algo ligero cada 3 ó 4 horas y mantén los niveles de glucosa estables.

- Evita el exceso de harinas blancas y el azúcar.

- ¡Come de todo!

- Varía tus alimentos.

Tip 13. Arréglate y siéntete atractivo: El 41% de la gente dice que se sienten más felices cuando piensan que se ven bien.

Este artículo fue obtenido de: www.fer.org.mx/13-tips-para-ser-feliz.

HAZLO AHORA

Gracias a este estudio te compartimos varios hábitos positivos que puedes comenzar a implementar en tu vida de inmediato, si ya tienes algunos o la mayoría de estos hábitos no los dejes nunca, pero si aún no son parte de tu vida, te tengo noticias, para cambiar tu vida y por lo tanto ser más feliz, necesitas hacer estos hábitos parte de tu vida,

Por favor en las siguientes líneas anota el primer hábito que practicarás hasta convertirlo en parte de tu día a día.

CAPÍTULO III

¡Vivir al estilo Ana!

"¡Puedes ser feliz a pesar de todo! ¡Tú lo decides!".

–Ana María Godínez González

Te voy a compartir algo que se llama: vivir al estilo Ana, y las palabras claves de este capítulo son: Puedes vivir Feliz a pesar de todo y Tú lo decides.

La historia de mi vida está llena de bendiciones, tuve unos padres muy amorosos, 5 hermanos. No había una riqueza desbordada en mi familia pero la realidad es que nunca me faltó nada y mis papás me dieron una riqueza más grande y que es la actitud mental positiva y de saberme capaz. Esas dos cosas hicieron que yo pudiera generar opciones que me permitieran salir adelante con mi vida.

La frase: puedes ser feliz a pesar de todo, es para que te la tomes literal, de verdad se puede ser feliz a pesar de todo. Yo tengo un gran regalo, pasó el 23 de diciembre del 2011, ya te imaginarás uno está preparando todo con la familia para Navidad, y fue justo ese día que yo recibí una llamada de mi hermana a las 8:30 a.m., mi hermana me llamaba para avisarme que mi papá acababa de fallecer.

Mi papá no estaba enfermo, no tenía nada en ese momento, si bien ya era una persona mayor, pero uno lo veía y era una persona fuerte, maciza que estaba súper bien, y de repente de un día a otro ya no estuvo más con nosotros.

Créeme que me dolió muchísimo, yo tenía mucha conexión con mi papá, debo aceptar que era su consentida, tuvieron que pasar 22 años en la relación de mis papás para que yo naciera, y después de mi nacimiento yo tenía un vínculo muy fuerte con él. Cuando se va con esta sorpresa y con esta rapidez, claro que uno se impacta fuertísimo y duele mucho.

Pero al final de aquel día, yo le dije a mi papá, "gracias papá", porque me acabas de dar el mayor regalo que se le puede dar a un ser humano: ***valorar el día a día.***

Por eso a pesar de todo, me dije: voy a seguir hacia adelante, voy a ser feliz y conforme pasaban los días, ese aprendizaje se fue estructurando más y más y se convirtió en parte de mi filosofía de vida y que hoy te quiero compartir.

Al final este suceso marcó fuertemente mi vida y hoy entiendo que pase lo que pase, la vida va a seguir adelante, el mundo va a seguir girando, no importa qué suceda, así que elige la actitud correcta para que a pesar del dolor o lo que te suceda puedas seguir disfrutando.

De nosotros dependerá si nos enganchamos a situaciones e ideas que no van a ser propulsores de una vida mejor, ya que si no eliges correctamente tu actitud ante los acontecimientos que aparecen en tu vida, estos serán como cargas u obstáculos que no te van a dejar seguir con tu vida.

Ahora yo te quiero compartir una serie de tips, muy sencillos que puedes seguir para ser más feliz. Mi objetivo es dejar una semillita en ti, para que las uses en tu día a día.

Date la oportunidad de probar y cambiar tus creencias arraigadas que no te permiten ser feliz, verás que estas claves de la felicidad te servirán, yo estoy convencida de que estamos aquí para hacer lo que queramos hacer, en la medida de tus posibilidades y ambiciones.

Muchos de estas claves que te voy a compartir tienen que ver con tus pensamientos o creencias arraigadas que hoy te han convertido en la persona que eres. Para que me entiendas todo ser humano tiene creencias positivas que le ayudan a ser feliz, lograr lo que se proponga, disfrutar su vida y la de los que le rodean, pero también existen otras creencias que nos limitan y estancan y estás son las creencias negativas.

Cualquier creencia, sea positiva o negativa se forma en la mayoría de los casos en nuestra niñez, a través de las experiencias o vivencias que tuvimos y con quienes nos relacionábamos, es decir, el entorno familiar, socio-cultural y la educación que hayamos recibido condicionaron sin duda nuestra manera de pensar, por eso debemos de tener especial cuidado con los niños pequeños, ya que todas las ideas, pensamientos en voz alta que les transmitamos en un futuro se van a convertir en sus creencias, si éstas son positivas excelente, pero si son negativas ¡cuidado! Harás de ellos personas infelices, frustradas y enojadas con la vida.

Detonador de Felicidad

La fórmula que funciona para cambiar las creencias limitantes.

1) **Identifica** una situación de dificultad en tu vida que deseas mejorar

Ejemplo: "Es inútil todo lo que yo haga nunca voy a ser feliz".

2) **Detecta** la creencia que está detrás de esta actitud y deseas cambiar

Utiliza una o dos frases, claras y concisas que resuman tu creencia. Ejemplo: "Soy una persona que no cree que la felicidad exista para mi."

3) **Pregúntate** con sinceridad: ¿es 100% cierta esta creencia?

Es probable que te des cuenta de que no hay nada de lo que podemos estar seguros al 100%. ¿De qué te vale entonces seguir aferrado a esta creencia si no te trae más que problemas?

4) **Piensa** en cómo se ha originado dicha creencia

¿Has sido tú mismo, tu experiencia, otros? ¿Quién o qué te hizo crear esta creencia? Si no lo sabes ni tienes ejemplos de tu vida para ilustrar esta creencia, seguramente se trate de una creencia irracional o inconsciente, sin ninguna fundamentación objetiva. Razón de más para desechar esta creencia.

5) ¿Qué **beneficio** secundario o invisible te aporta esta creencia?

Según la PNL, todas nuestras acciones conllevan un beneficio, aunque no seamos conscientes de ello. Fumar por ejemplo nos puede relajar, pensar que somos tímidos nos aleja de la necesidad de exponernos a los demás y nos mantiene en nuestra zona de confort.

6) ¿**Cómo** eres, cómo actúas, cómo es tu vida cuando crees en esta creencia?

¿Te acerca o te aleja de tu objetivo?

7) Escoge una **creencia potenciadora**, contraria a la creencia anterior

Crea una afirmación clara y concisa que te ayude a acercarte a tu objetivo.

Ejemplo: ¡Yo como otros estoy aquí para ser feliz y disfrutar! ¡Si otros son felices, Yo también lo seré!

8) **Encuentra** situaciones de tu vida que demuestren que esta nueva creencia tiene sentido.

Piensa en qué otros ámbitos o momentos anteriores de tu vida, tu actitud correspondía con esta nueva creencia, aunque sea en una pequeña proporción.

9) Empieza a introducir esta **nueva creencia** en tu vida a través del lenguaje y pequeñas acciones

Cuando te hablas a ti mismo y cuando hablas con los demás emplea palabras relacionadas con la nueva creencia. Y actúa conforme a esta nueva creencia. No tiene que ser de golpe, sino poco a poco. Empieza a tomar pequeñas acciones que respalden la nueva creencia para ir demostrándote a ti mismo que ésta es más real que la anterior.

Te invito a tomar acción de inmediato para que suceda el cambio en tus creencias y con los días, meses y años seas una persona más feliz y con creencias positivas.

HAZLO AHORA

Te invito a llevar a tu vida el hábito de cuestionarte una a una todas las creencias que te están limitando y te mantienen en tu zona de confort.

En las siguientes líneas escribe tu creencia negativa más limitante que tienes y que hoy y en el futuro te limitará sino comienzas a cambiarla.

Antes de escribir piénsala muy bien.

¿Estás listo o lista? Perfecto, entonces ahora sí anótala por favor:

_____

_____

_____

_____

_____

_____

_____

A continuación responde a profundidad cada una de las siguientes preguntas:

¿Es 100% verdad esta creencias?

_____

_____

_____

_____

_____

_____

Piensa y escribe cómo se originó esta creencia en tu vida, ¿quién te lo decía? ¿Qué acontecimiento sucedió en tu infancia o juventud que te hizo ser o pensar de esta manera?

_____

_____

_____

_____

_____

_____

¿Qué beneficio secundario o invisible le aporta esta creencia a tu vida?

_____

_____

_____

_____

_____

_____

¿Cómo eres, cómo actúas y cómo es tu vida con esta creencia limitante?

_____

_____

_____

_____

_____

_____

¿Esta creencia te aleja o te limita de tus objetivos?

_____

_____

_____

_____

_____

_____

_____

Escribe pequeñas frases en positivo de tu creencia negativa, es decir cambia en enfoque de inmediato.

_____

_____

_____

_____

_____

_____

Practica estas creencias cada día de tu vida, hasta que te conviertas en la persona que realmente quieres ser.

Tienes que saber qué quieres y qué te hace feliz

Uno nunca es mayor para aprender y para comenzar a hacer cosas nuevas. Sólo hay que tener voluntad

-Madonna Buder, conocida como la Monja de Hierro

Muchas personas dirán: "no pues yo ya estoy grande. Yo ya hice lo que tenía que hacer", está bien eso. Pero piensa ¿no hay algo más que te gustaría hacer? Aprender a cocinar, aprender otro idioma, hacer más ejercicio, tomar alguna clase, tener un ascenso en el trabajo, poner un negocio.

La vida se trata de metas, se trata de objetivos. Si siempre queremos estar listos con mucha actitud positiva, debemos de tener una meta. Si ahorita estás, donde sea que estés y hace mucho no tienes una meta en mente te tengo noticias, debes despertar en ti la intención de querer moverte, ya que si lo haces estarás en otro lugar aún mucho mejor.

Cuando un ser humano tiene absolutamente claro, qué es lo que quiere, iniciando con un deseo, sueño o meta, podrá trabajar día a día por ello y en base al logro que vaya teniendo va a ir aumentando el interés, la energía y se convencerá de que eso que quiere lograr es bueno y por eso lo quiere. Recuerda que nadie lo va a hacer por Ti, y si quieres que suceda te tengo noticias, lo tienes que hacer tú.

Las metas le inyectan motivación, sabor a tu vida son como un motor, cuando tú te pones un objetivo en tu mente que quieres lograr y lo comienzas a trabajar para que suceda, es lógico que comenzarás a avanzar y eso es algo increíble, yo digo que el tener un sueño o meta es lo que nos mantiene vivos, lo que nos sigue impulsando a lograr más de lo que queramos para nosotros y los nuestros.

Mucha gente se confunde y relaciona las metas o los sueños con tener mucho dinero o una vida de sueño como las que nos proyectan las películas, sin embargo, hay muchos tipos de metas, las metas no sólo tiene que ver con querer más dinero, un coche, una casa, etc. Claro que si eso es lo que quieres adelante, pero si por otro lado te sientes enferma, enfermo debes de trabajar en eso, por ejemplo si tienes sobrepeso, ya viste dónde está tú meta.

Es lo bonito de ser humanos, hay demasiada diversidad, y las metas van a ser únicas e irrepetibles ya que cada uno de nosotros tenemos diferentes interés y motivaciones.

Lo importante aquí es encontrar algo de qué agarrarse para que de ahí empieces a generar esa energía y que cada vez seas más feliz, porque vas a ir logrando más y más cosas. No dejes que tu vida se haga una rutina y que cada vez vayas haciendo lo mismo y lo mismo, como un robot.

A continuación te dejo un ejemplo claro de cómo si se pueden lograr grandes cosas, en cualquier momento de tu vida.

Detonador de Felicidad

La Monja de Hierro

A sus 82 años, esta monja católica de Spokane, Washington, es la mujer de mayor edad que ha logrado completar un Iroman. Ha superado su récord en varias ocasiones. Lo consiguió en 2005, a los 75 años, en el campeonato del mundo de IM en Kona, Hawaii. Repitió en 2006 (16:59:03) y 2009 (16:54:30).

La religiosa, que participó por primera vez en una carrera popular a los 50 años, suma 325 triatlones, 36 de ellos de larga distancia. Según la propia Buder, "el Ironman es como la vida; tienes altibajos, alegrías y pesares que debes aceptar, fluir con ellos; todo lo que te sucede en un Ironman te ayuda a formar tu carácter".

Su comunión deportiva y espiritual con el triatlón comenzó en 1978, cuando un sacerdote le instó a entrenar con el propósito de alcanzar el equilibrio entre cuerpo, mente y espíritu. "Al principio me pareció ridículo correr sin ninguna razón, salir sin destino, pero me convenció".

Hoy sigue inaugurando grupos de edad en la disciplina, como el de mayores de 80, que parecían impensables. La capacidad de superación de esta mujer, apodada 'la monja de hierro' y su extraordinaria fe es motivo de inspiración para todos aquellos que creemos que no es posible hacer algo.

HAZLO AHORA

Te invito a ser una persona más feliz que trabaja por sus metas, y una vez que las logres, haz el hábito de fijarte una nueva meta.

A continuación escribe todas las metas que quieres lograr, este libro es tuyo, así que en sus marcas, listos..... Escribe todas las metas que te gustaría lograr, no dejes de escribir.

Advertencia: por ningún motivo dejes entrar a tu negativo y fatalista que te dice: "tú crees que vas a poder lograr eso", "no inventes ya estás un poco grande para querer hacer eso", "¿de verdad? ¿Otra vez con lo mismo?", etc., por favor dile alto a todos esos pensamientos derrotistas y no dejes que el pasado límite el grandioso futuro que puedes tener al enfocarte en el hábito de trabajar y lograr tus metas.

_____

_____

_____

_____

_____

_____

Ahora que ya pusiste en papel todo lo que quieres lograr, te invito a leer a detenimiento cada una de tus metas, y te invito a elegir una y escribirla en las siguientes líneas de favor.

_____

_____

_____

_____

_____

_____

Ahora el reto mayor, te invito a poner la fecha de cuándo esta meta será realidad.

_____

_____

_____

_____

Y ya para terminar y que no te vuelva a pasar lo mismo que en otras metas anteriores, te pido de favor que puedas escribir las primeras acciones para hacer realidad a tu meta.

Creer que estás aquí para Ser Feliz y Disfrutar

Crea la más alta y más grandiosa visión posible para tu vida, porque te conviertes en lo que crees

-Oprah Winfrey, presentadora de televisión, productora, actriz, empresaria, filántropa y crítica de libros estadounidense

Realmente yo sí soy de las personas que cree que nos trajeron aquí para ser felices y disfrutar. Hoy dices que hay sufrimiento, que hay mucha enfermedad, pues eso será cómo lo quieras ver. Hay mucha gente que le pasan cosas terribles, sin embargo la manera en la que ellos reaccionan ante esos eventos que le suceden, sumado a su actitud es como logran salir adelante.

Pero como todo en la vida es diversidad y cada quien elige la vida que quiere tener, también existen personas que les suceden acontecimientos graves o más difíciles y ellos deciden tomar la actitud incorrecta y por eso se estancan y son infelices.

Lo malo de la gente con actitud negativa, es que no sólo se afectan a ellas o ellos, sino que también empiezan a amargar y contaminar todo su entorno. Para ser feliz, también tienes que ayudar a que los demás sean felices, claro que para ser todos felices primero nosotros tenemos que ser felices. Tienes que estar tú bien, con una actitud mental positiva y sin duda todo mejorará.

Detonador de Felicidad

El show de Oprah

Los inicios de su vida fueron verdaderamente trágicos, nació de madre soltera entre la pobreza rural de Misisipi. En su adolescencia fue víctima de abuso sexual y violación, dando a luz a los 14 años a un niño prematuro que moriría poco después.

Después la mandaron vivir con el que llama su padre, un barbero. Obtuvo un trabajo en la radio, para cubrir noticias locales cuando tenía sólo 19 años. Ahí se dio cuenta de su gran habilidad para entrevistar, logro tener un fuerte ascenso y poco después lanzó su propia compañía de producción, que llegaría a proyectarse internacionalmente.

El 8 de septiembre del año de fundación de la productora, estrena su programa de entrevistas The Oprah Winfrey Show, siendo la presentadora. Es el trabajo que más popularidad le ha dado, con cientos de emisiones hasta su despedida celebrando sus 25 años en antena.

Su programa ha gozado de tanta popularidad que le ha reportado numerosos reconocimientos, premios y pingües beneficios, aparte de convertirla en una de las personas más influyentes en la opinión pública estadounidense.

Esa es una breve historia de una mujer afroamericana, que en ha demostrado que no importa qué te hace la vida, siempre existe la oportunidad de cambiar nuestra vida con la actitud adecuada.

HAZLO AHORA

Te recomiendo leer una o más biografías al mes de personas que te interesen y que le puedan aportar algo positivo a tu vida.

El hábito de la lectura es uno de los hábitos más importantes que nos pueden apoyar en nuestro crecimiento personal y profesional, sino tienes el hábito, comienza poco a poco y una vez que ya leíste uno sigue con el otro y así todos los días de tu vida.

A continuación haz una lista de los libros que más han impactado en tu vida o que recuerdas con mas valor y escribe como fue que te ayudaron.

_____

_____

_____

_____

_____

_____

_____

Somos parte de un Universo en continuo cambio

La abundancia no se adquiere, se sintoniza

-Dr. Wayne Dyer

Esto es otra de las grandes herencias de mi papá, él me enseñó que somos parte de un universo en continuo cambio.

Mi papá era un hombre de campo, de rancho, que andaba con vacas y animales, era un hombre que no tenía una alta educación académicamente hablando, pero sí era un hombre muy sabio porque observaba mucho la naturaleza.

Mi papá siempre decía que los seres humanos, somos como las estaciones del año, tenemos nuestra primavera, nuestro verano, nuestro otoño y nuestro invierno.

No es posible que siempre estemos en primavera, que todo sea perfecto y verde; al ser parte de un universo que continuamente está cambiando nosotros también estamos cambiando. Probablemente hoy estés en tu primavera u otoño, o en cualquier otra estación.

Cuando mi papá se refería al invierno, eran momentos en los que no te está yendo tan bien, hay situaciones que te congelan y no te hacen feliz.

Si estás en tu invierno y de verdad crees que estás en un universo de cambio, tranquilo ya vendrá tu primavera, pero debes de tener fe que es cuestión de paciencia y tomar acción, es momentáneo.

Ese difícil momento que estás pasando, es porque sacará lo mejor de ti, porque habrá una mejor versión de ti. Pero necesitas tener la actitud de que esto te está sucediendo para aprender algo; si uno se va con a la actitud mental negativa y te la vives quejando, te aseguro que nunca vas a salir de ahí.

Todo depende del control que tengas sobre tus actitudes, de eso dependerá tu felicidad.

Detonador de Felicidad

La abundancia no se adquiere, se sintoniza

El Dr Wyane Dyer nos da varios tips muy útiles para sintonizar la abundancia en nuestras vidas.

Primero definiremos algunas cosas:

¿Qué es la abundancia? La abundancia es un estado del ser. La abundancia es el estado en el cual sientes que tienes todo lo que quieres.

¿Qué es la pobreza? La pobreza también es un estado del ser. Pobreza es el estado de carecer de lo que quieres. Pobreza es el estado de resistencia para tener lo que quieres.

Si, la abundancia y la pobreza son estados del ser. Están en nuestras creencias, pensamientos y emociones. Por eso es que hay algunas personas que no tienen muchas cosas materiales y son felices, tienen abundancia en sus vidas porque ellos creen y sienten que tienen todo lo que ellos quieren; por otro lado, podemos ver algunas personas que tienen muchas cosas materiales y se rodean de lujos y están quejándose todo el tiempo porque no tienen suficiente.

¿Qué estas creando diariamente? Si te estás quejando de la falta de dinero y diciéndote a ti mismo y a los demás que es muy difícil tener dinero, o que el dinero es un problema, estos sentimientos están bloqueando la abundancia y estas creando más pobreza. Pero tú puedes crear lo que quieras.

¿Qué quieres crear, pobreza o abundancia? Somos creadores y creamos cosas de adentro hacia afuera. La abundancia es una emoción, la emoción de tener todo lo que quieres sin importar las circunstancias.

He aquí dos sencillas cosas que puedes hacer para estar en el humor correcto y permitir que la abundancia llegue a tu vida:

1. Repite y practica **afirmaciones** positivas

2. Sé **agradecido** por todo lo que tienes (no te quejes por las cosas que no tienes o que has perdido).

Si quieres saber más sobre el tema, ingresa a: la-abundancia-no-se-adquiere-se-sintoniza-dr-wayne-dyer

HAZLO AHORA

Asegúrate de siempre tener el hábito de pensar y hablar en abundancia para que ésta se pueda manifestar en tu vida. Y si te encuentras en una situación difícil haz el hábito de no engancharte y quejarte de la situación, cambia el estímulo mental, toma acción, haz algo que te guste y disfruta tu vida.

¡Ahora es tu turno!, escribe en las siguientes líneas aquellas cosas que disfrutas hacer en tu vida para que puedas trabajar para disfrutar más de ella.

_____

_____

_____

_____

_____

_____

_____

Hasta lo más difícil, pasará

Todo pasará

-Abraham Lincoln, presidente de EUA

Ésa es una creencia que tengo en el tope de mi mente, y que yo te invito a que la grabes y dejes fija en tu mente. Para que cuando estés en una dificultad pienses "esto va a pasar".

Esto lo decía Lincoln, él fue un hombre que luchó hasta el cansancio para ser presidente de los Estados Unidos de América. ¡Pero esa lucha le tomó años! Porque en el camino fracasaba, se caía, pero siempre se levantó hasta que logró su propósito a los

68 años. Y él siempre decía que ante una situación difícil, todo pasará.

Es tu invierno, las cosas malas van a pasar, ten fe. Si tú te pones en esa frecuencia de pensamiento, en esa misma frecuencia tu vida va a cambiar.

Detonador de Felicidad

Abraham Lincoln

Nacido de padres agricultores, a quienes no les iba nada bien, Lincoln tuvo que trabajar desde muy pequeño sin atender a la escuela. En sus propias palabras, una vez llegó a contar: *"Pero, yo ignoraba muchas cosas. Sabía leer, escribir y contar, y hasta la regla de tres, pero nada más. Nunca estudié en un colegio o academia. Lo que poseo en materia de educación lo he ido recogiendo aquí y allá, bajo las exigencias de la necesidad."*.

Participó en varias batallas durante la Guerra Civil y uno de sus más memorables actos, fue salvar a un indio que su pueblo quería colgar.

También fue a partir de las batallas que Lincoln comenzó a interesarse por cambiar el rumbo de su país, y vio como la mejor manera de hacerlo a través de la política.

Varios fueron sus intentos por lograr penetrar en el gobierno, pero después de mucha insistencia lo logró.

Lincoln ganó la nominación del Partido Republicano en 1860 y fue elegido presidente a finales de ese año. Durante su período, ayudó a preservar los Estados Unidos por la derrota de los secesionistas Estados Confederados de América en la Guerra Civil estadounidense.

Introdujo medidas que dieron como resultado la abolición de la esclavitud, con la emisión de su Proclamación de Emancipación en 1863 y la promoción de la aprobación de la Decimotercera Enmienda a la Constitución en 1865.

Es uno de los presidentes más emblemáticos de los Estados Unidos de América y una figura emblemática para muchos.

HAZLO AHORA

El mejor hábito que puedes tener en tu vida cuando las cosas no sucedan cómo esperas o no la estés pasando bien, es hacer un alto, respirar, contar hasta diez, salirte a comprar una nieve, tomar un café con una persona positiva, comerte un chocolate, etc., es decir no sigas enganchado en el momento, cambia el estímulo y ya que regreses verás la situación desde un punto de vista diferente.

Detonador de Felicidad

El Anillo del Rey

Hubo una vez un rey que dijo a los sabios de la corte:

- Me estoy fabricando un precioso anillo. He conseguido uno de los mejores diamantes posibles. Quiero guardar oculto dentro del anillo algún mensaje que pueda ayudarme en momentos de desesperación total, y que ayude a mis herederos, y a los herederos de mis herederos, para siempre. Tiene que ser un mensaje pequeño, de manera que quepa debajo del diamante del anillo.

Todos quienes escucharon eran sabios, grandes eruditos; podrían haber escrito grandes tratados, pero darle un mensaje de no más de dos o tres palabras que le pudieran ayudar en momentos de desesperación total... Pensaron, buscaron en sus libros, pero no podían encontrar nada.

El rey tenía un anciano sirviente que también había sido sirviente de su padre.

La madre del rey murió pronto y este sirviente cuidó de él, por tanto, lo trataba como si fuera de la familia. El rey sentía un inmenso respeto por el anciano, de modo que también lo consultó. Y éste le dijo:

- No soy un sabio, ni un erudito, ni un académico, pero conozco el mensaje.

Durante mi larga vida en palacio, me he encontrado con todo tipo de gente, y en una ocasión me encontré con un Sacerdote. Era invitado de tu padre y yo estuve a su servicio.

Cuando se iba, como gesto de agradecimiento, me dio este mensaje, el anciano lo escribió en un diminuto papel, lo dobló y se lo dio al rey. Pero no lo leas le dijo, mantenlo escondido en el anillo.

Ábrelo sólo cuando todo lo demás haya fracasado, cuando no encuentres salida a la situación.

Ese momento no tardó en llegar. El país fue invadido y el rey perdió el reino.

Estaba huyendo en su caballo para salvar la vida y sus enemigos lo perseguían.

Estaba solo y los perseguidores eran numerosos. Llegó a un lugar donde el camino se acababa, no había salida: enfrente había un precipicio y un profundo valle; caer por él sería el fin. Y no podía volver porque el enemigo le cerraba el camino. Ya podía escuchar el trotar de los caballos. No podía seguir hacia delante y no había ningún otro camino...

De repente, se acordó del anillo. Lo abrió, sacó el papel y allí encontró un pequeño mensaje tremendamente valioso:

Simplemente decía "ESTO TAMBIÉN PASARÁ".

Mientras leía "esto también pasará" sintió que se cernía sobre él un gran silencio. Los enemigos que le perseguían debían haberse perdido en el bosque, o debían haberse equivocado de camino, pero lo cierto es que poco a poco dejó de escuchar el trote de los caballos. El rey se sentía profundamente agradecido al sirviente y al místico desconocido. Aquellas palabras habían resultado milagrosas.

Dobló el papel, volvió a ponerlo en el anillo, reunió a sus ejércitos y reconquistó el reino. Y el día que entraba de nuevo victorioso en la capital hubo una gran celebración con música, bailes... y él se sentía muy orgulloso de sí mismo.

El anciano estaba a su lado en el carro y le dijo:

- Este momento también es adecuado: vuelve a mirar el mensaje.

-¿Qué quieres decir? preguntó el rey. Ahora estoy victorioso, la gente celebra mi vuelta, no estoy desesperado, no me encuentro en una situación sin salida.

- Escucha, dijo el anciano: este mensaje no es sólo para situaciones desesperadas; también es para situaciones placenteras.

No es sólo para cuando estás derrotado; también es para cuando te sientes victorioso.

No es sólo para cuando eres el último; también es para cuando eres el primero.

El rey abrió el anillo y leyó el mensaje: "Esto también pasará", y nuevamente sintió la misma paz, el mismo silencio, en medio de la muchedumbre que celebraba y bailaba, pero el orgullo, el ego, había desaparecido. El rey pudo terminar de comprender el mensaje. Se había iluminado. Entonces el anciano le dijo:

RECUERDA QUE TODO PASA. Ninguna cosa, ni ninguna emoción son permanentes. Como el día y la noche, hay momentos de alegría y momentos de tristeza.

Acéptalos como parte de la dualidad de la naturaleza porque son la naturaleza misma de las cosas.

GRÁBATELO BIEN EN TU CABEZA Y EN TU CORAZÓN.

Ahora es tu turno de escribir aquellas cosas que te están "estorbando" en tu vida, las cuales ya debes de olvidarlas y no engancharte, aquellas que si las perdonas y olvidas podrás ser más feliz.

_____

_____

_____

_____

_____

_____

_____

Agradece cada día de tu vida

Agradezco a cualquier dios que pudiera existir por mi alma invencible. Soy el amo de mi destino, soy el capitán de mi alma

-Fragmento del poema Invictus de William Ernest Henley

Es un hábito que se ha perdido. Con agradecer no me refiero, a que solamente digan "gracias por todo"; a lo que me refiero con agradecer es que al terminar tu día hagas un *corte de caja*, es decir, que te detengas a ver qué pasó hoy positivo.

Con este corte de caja, se trata de recapitular todo lo sucedido en el día, no te enfoques en las cosas malas y negativas que te pasaron. Al final del día, en ese corte de caja, identifica tres o cinco cosas que te hicieron feliz hoy.

Y no puedes decir "es que no encuentro nada"; si tienes trabajo agradece por ello, si tienes familia, si tienes salud, si tienes aire para respirar. Tenemos que empezar a identificar las cosas simples que tenemos, porque muchas veces no agradecemos porque no queremos lo que tenemos y no tenemos lo que queremos.

El agradecer tiene que ver con reconocer todas las cosas buenas que tienes en tu vida y que pasan en tu día. Y le llamo corte de caja, porque así como le pasó a mi papá le puede ocurrir a cualquiera de nosotros. Hoy estamos y mañana no sabemos.

Por eso tenemos que estar felices y preparados. Un tip que yo he hecho por más de 10 años y que me ha hecho una mujer muy feliz, es que tengo un diario de agradecimientos, puede ser una libreta o una agenda, pero lo importante es que involucres el escribir. Esa libreta yo la tengo a lado de mi buró, y todas las noches sin falta, agradezco mínimo tres o cinco cosas positivas que me sucedieron. Con esto reconcilias el sueño.

¿Por qué duermo en paz? Porque le estoy agradeciendo (al ser, cosa o lo que sea que creas) por lo que sucedió o tengo en el día. Como vimos, Harvard hizo un estudio y concluyó que un factor importante para lograr la felicidad en la vida es agradecer. Esas personas se enfocan en el hoy, en el presente.

Cuando nos acostamos frustrados, enojados o que en el día no logramos identificar lo positivo, nos vamos a cerrar a las oportunidades y todo lo que haya afuera para ti.

Cuando nos enfocamos en el hoy, en el ahora, les aseguro que van a tener días más felices y plenos.

Obviamente, no todo va a salir como uno lo planea, o vamos a tener problemas pero recuerda que todo eso pasará, es un momento. No nos debemos clavar en el problema por mucho tiempo. Si te clavas ahí pierdes todo lo que has ganado con tu actitud mental positiva.

HAZLO AHORA

Ya te compartí mi hábito más preciado, ahora es tu turno de comenzar a agradecer cada día de tu vida.

Detonador de Felicidad

Una *reflexión de agradecimiento*

Mandela fue un personaje clave en la lucha por los derechos de los negros en Sudáfrica, su vida es un ejemplo de perdón, agradecimiento.

Te competimos un fragmento de su biografía para que si conozcas quien fue este gran personaje, que estuvo privado de su libertad por más de 27 años y al salir perdonó todo lo sucedido y hasta el final de su vida siempre tuvo una sonrisa en su cara.

Durante este encierro fue que la idea del perdón, de que la reconciliación nacional sudafricana sólo podía ser mediante la vía del perdón y a este objetivo dedicó sus esfuerzos incluso antes de ser liberado, una vez fue el primer presidente sudafricano en ser elegido democráticamente, condujo al país precisamente por este camino, el de la reconciliación.

Fue un hombre un hombre que vislumbró la posibilidad de unir a su pueblo alrededor de Springboks, un equipo que se convertiría en la selección nacional de rugby, el popular deporte de los británicos, sus antiguos opresores.

Su plan parece una tontería ya que ese equipo había representado la parte blanca y racista de Sudáfrica (solo tenía un jugador negro) y sus seguidores eran los partidarios de la supremacía blanca y del apartheid. Pero este hombre sabe lo que quiere y sabe cómo hacerlo.

En uno de sus discursos más emblemáticos, en la aceptación del Premio Nobel de la Paz en 1993, Mandela nos comparte:

"Así viviremos, porque crearemos una sociedad que reconoce que todos los hombres hemos nacido iguales, con derecho a la misma calidad de vida, libertad, prosperidad, derechos humanos y buen gobierno…"

Nelson Mandela nos enseñó que podemos perdonar a nuestros enemigos, que podemos utilizar la reconciliación como método de tratar con la injusticia y que la verdadera reconciliación necesita la confesión de la verdad. En otras palabras, Nelson Mandela nos enseñó que si ministramos con amor, se puede obrar la justicia a través de nosotros. Eso por eso que digo, gracias, Nelson Mandela.

Deja de juzgarte a ti y a los demás ¡Ocúpate de tu vida!

Si nosotros somos tan dados a juzgar a los demás, es debido a que temblamos por nosotros mismos.

-Oscar Wilde, escritor y poeta irlandés

Esto es algo que puede sonar fuerte, pero es en serio, ¡ocúpate de tu vida! No es que quiera ser agresiva, ni mucho menos grosera. Pero la realidad es que hoy, nos sentimos infelices porque juzgamos y culpamos a todo el mundo y a todo.

El juicio si no te da algo positivo, te dará algo malo, así de sencillo no hay puntos intermedios.

Cuando te digo que te ocupes de tu vida, créeme que es la solución, no hay otro camino, yo estoy trabajando siempre porque tengamos una cultura de no juzgar lo ajeno o lo que no nos incumbe. ¡Déjalos ser! cada persona tiene una historia, trae una trayectoria, trae una experiencia de vida completamente distinta a la nuestra, de verdad no es asunto tuyo.

A nosotros no nos interesa por qué actuó o por qué reaccionó de alguna manera, simplemente yo voy a tratar a esa persona con amor, con respeto porque sé que tiene sus motivos, pero no la juzgaré.

Cuando digo que no la juzgaré es algo fuerte y difícil, pero es algo que debo evitar incluso de pensamiento. Porque muchas veces con el pensamiento es como se inician nuestras actitudes y lo comenzamos a reflejar.

HAZLO AHORA

Hagamos el hábito de no juzgar. Y al decir ocúpate de tu vida, lo digo porque si sé que soy una persona que continuamente estoy criticando a otros, tu capacidad para trabajar para vivir se reduce, ya que te enfocas en cosas que seguramente no son de tu interés.

El hábito para ti en esta sesión es: asegurarte de usar el 100% de tu capacidad para tus asuntos y mejorar tu día a día. Y por supuesto no meterte a componer o a sugerir en la vida de otros si no te lo piden.

Detonador de Felicidad

10 tips para dejar de juzgar a la gente

Recuerda que al *juzgar a alguien no defines a los demás, te defines a ti*. La Dra. Barbara Markway nos da estos 10 consejos para desactivar el chip de los prejuicios.

1. **Baja la guardia.** Estamos diseñados para la supervivencia y cuando vemos a un perro (o a una persona) que podría llegar a mordernos (literal o metafóricamente) nos sentimos amenazados. Naturalmente se activa nuestro mecanismo de pelear/correr, es ahí donde tú tienes que poner un alto, relajándote.

2. **Sé consiente.** Aunque juzgar es un instinto natural, intenta detenerte antes de hablar o mandar ese correo pesado y causar cualquier tipo de daño. Luego no

podrás retirar lo dicho. Detente. Además no sabemos cuáles sean los motivos de otras personas para actuar de esa manera.

3. **Deja de verlo todo con tu perspectiva.** Cuando alguien no esté de acuerdo contigo o te haga la vida difícil, recuerda que usualmente no tiene nada que ver contigo. Puede que tenga que ver con su dolor y su sufrimiento. ¿Por qué no darles el beneficio de la duda a los demás?

4. **Busca lo bueno que hay en cada persona.** Se necesita práctica para esto ya que nuestras mentes naturalmente se centran en lo negativo, pero si lo intentamos, podemos casi siempre encontrar algo bueno en la otra persona.

5. **Repite el siguiente mantra: "tal como yo".** Recuerda, usualmente somos muy parecidos. Cuando juzgo a alguien, trato de recordarme a mí misma que la otra persona ama a su familia tal como yo, y quiere ser feliz y no sufrir tal como yo. Lo más importante es que esta persona comete errores, tal como yo.

6. **Mira las cosas desde otro punto de vista.** Cuando alguien hace algo que no te gusta, quizás velo como si simplemente estuviese resolviendo un problema con una solución diferente a la tuya. O quizás tienen tiempos diferentes a los tuyos. Esto te puede ayudar a ser más abierto de mente y aceptar su comportamiento.

7. **Observa tu propio comportamiento.** A veces puede que juzguemos a alguien por algo que nosotros mismos hacemos o que hemos hecho en el pasado.

8. **Edúcate.** Cuando la gente hace cosas que son molestas, puede que tenga un problema oculto. Por ejemplo, algunas personas que tienen malas habilidades sociales pueden sufrir de Asperger. Así que si alguien está invadiendo tu espacio personal (como alguien con Asperger lo haría) recuerda que no tiene nada que ver contigo.

9. **Dale el beneficio de la duda a esa persona.** Nadie se levanta en la mañana pensando, 'voy a ser pesado hoy día.' La mayoría de nosotros hacemos las cosas lo mejor que podemos con los recursos disponibles en el momento.

10. **Siéntete bien contigo mismo.** "Si me siento bien con mi estilo de crianza, entonces no me interesa juzgar la forma en que los demás crían. Si me siento bien con mi cuerpo, no ando por ahí burlándome del peso de la gente o de cómo se ven. Somos severos con los demás porque los usamos como un espejo de lo que percibimos como deficiente en nosotros mismos.

Haz algo que te apasione y ve por tus sueños

Nada grande se ha hecho en el mundo sin una gran pasión.
-Friedrich Hegel, filósofo alemán

Cuando estamos conectados con algo que amamos hacer, que nos entusiasma hacer, la realidad es que no nos cansamos, el tiempo vuela, te olvidas del reloj, no es un fastidio. Estás en un flujo de energía de creación.

¿Qué te apasiona hacer? Muchas veces pasa que estás en un trabajo porque no encontraste otro, y no es tu pasión y como necesitas trabaje ¡se vale!

¡Está bien! Si ya estás en esa situación, pero si tiene que buscar algo dentro de ese trabajo que te guste hacer. Si de plano no es lo tuyo haz un plan para que cambies y encuentres algo que te apasione.

No les amargues la vida a todos los demás. Si ya de plano es algo que no te gusta y no encuentras nada qué hacer, ¡cambia tú! Porque el puesto que estás ocupando y tus compañeros no tienen la culpa.

Cuando un ser humano está conectado en lo que le apasiona, te acuestas con el deseo de levantarte para continuar en aquello en que te quedaste.

Yo siempre recomiendo que aquí vayamos paso a paso, porque cuando uno habla de esto se cuestiona qué me apasiona. Conforme uno va creciendo, va perdiendo eso, y ni se diga si tienes hijos más chicos o adolescentes.

Si tú logras conectarte a algo, puede ser algo simple que hayas dejado de hacer, verás lo feliz que te sentirás. A mí por ejemplo, me encanta pintarme las uñas, y tener tiempo de esperar a que se sequen, son momentos que disfrutas mucho.

Pequeñas cosas que te apasionen te harán sentir más feliz y entraras en un estado de buscar lo que realmente te apasiona y te gustaría hacer en tu vida.

HAZLO AHORA

Te invito a averiguar qué momentos te apasionan, te gustan y que hagas algo para que comiences a llenarte de esas hormonas positivas y te empieces a sentir mejor.

Detonador de Felicidad

Julia y Julie

No es necesario ser gourmet ni saber de alta cocina para saborear Julia & Julie.

Ésta es la historia de dos perspicaces y encantadoras mujeres norteamericanas, donde sus vidas dan un giro inesperado gracias a méritos propios, ya que ambas, modernas y emprendedoras, lucharon por encajar en las exigencias y cambios acelerados de la sociedad.

La historia la conocemos mejor, gracias a las memorias de Julie Powell y su libro Mi vida en Francia, que recoge las experiencias de Julia Child, quien se convirtió en una de las figuras más célebres de la cultura gastronómica en Estados Unidos.

Ambas autoras, fueron pioneras culinarias a distancia de cinco décadas una de la otra.

Julia cambió para siempre la forma de cocinar de las mujeres norteamericanas en los años cincuenta, a través de su best seller Mastering the Art of French Cooking. La treintañera Julie, por su lado, influida por la tecnología del siglo XXI, creó un blog que registraba sus experiencias de cocina usando las recetas contenidas en el libro de Julia.

Este espacio se convirtió en uno de los blogs más visitados de la época cuando aún pocos sabían deletrear Google.

Vale la pena rememorar a Julia Child, esta ocurrida, genuina y excéntrica señora que presentaba en televisión un popularísimo programa de cocina. Y aún después de su muerte, es admirada por la audiencia como la Mary Poppins de los fogones.

Estas bellas historias se entrelazan de una forma inimaginable, ambientadas paralelamente en Nueva York y en París, en sus respectivas épocas, estas mujeres tenían sus similitudes pero también sus claras diferencias. Ambas motivadas por la pasión y deseo de cumplir sus sueños.

Ahora es tiempo de que escribas tus sueños, no te juzgues, solamente escribe los sueños que tienes, los que quieres lograr, los que te harán feliz, porque así es como comienza toda la magia.

No puedes controlar la vida de nadie

El límite bueno de nuestra libertad es la libertad de los demás

-Alphonse Karr, escritor francés

Hablaré aquí un poco más de las mujeres, quienes por herencia cultural, por la forma en la que crecimos, por "acuerdos" en la sociedad latinoamericana, tendemos a controlar a la pareja, a los hijos, incluso hasta compañeros de trabajo, queremos controlar a todo el mundo.

Este punto es similar al de juzgar, si tú quieres controlar a todo el mundo, que los demás hagan lo que tú quieres, déjame decirte que estás cometiendo un grave error.

Todo ser humano necesita sentirse libre, capaz; si te controlaran te aseguro que no te vas a sentir a gusto, te sentirás frustrado o bloqueado.

Entonces, debes ponerte en los zapatos de los demás y así verás que dejarás de controlar a los otros; algo importante será que lo vas a dejar de hacer de manera consciente.

Tranquilo, estamos aquí para aprender, para evolucionar y si alguien está cometiendo un error, hácelo saber, pero si esa persona no quiere cambiar, tú ya no tienes por qué estar insistiendo para que cambie.

Claro, si es una situación de riesgo, sí tenemos que hacer entender a esa persona.

De ahí en más, no importa si es tu pareja, tu hijo, tus hermanos, tus papás, ellos ya son personas grandes e independientes, ¡Déjalos ser! A nadie le gusta ser controlado.

Detonador de Felicidad

Deja de intentar controlar lo incontrolable

Controlar significa que podemos, mediante nuestros pensamientos, emociones y acciones, modificar algún aspecto del objeto de control de manera dirigida. Si controlamos algo, tenemos poder sobre ello y podemos decidir su rumbo.

A todos nos gustaría poder controlar el mundo que nos rodea, pero lo cierto es que hay muy pocas cosas sobre las que podamos hacerlo. A nivel teórico, esto no es nada nuevo y somos conscientes de ello, pero a nivel emocional se nos olvida muy fácilmente, lo que nos lleva al malestar.

Las personas, por lo general, toleramos bastante mal la incertidumbre, así como la frustración cuando las expectativas que habíamos depositado en algo, no se ven cumplidas tal y como nosotros queríamos. Lo cierto es que es bastante desagradable cuando esto ocurre, así como también es en ocasiones perturbador el hecho de no saber qué va a ocurrir en una situación determinada.

Pero entonces, ¿qué puedo controlar? En el mundo externo, nada. En ti mismo, todo tu ser, así de simple. Existen infinidad de problemas y circunstancias estresantes o desafortunadas y es lógico emocionarnos cuando ocurren. Las emociones que surgen en ocasión de una amenaza o una pérdida es totalmente normales y nos ayudan a manejar el problema que está presente en nuestra vida.

Cuando tus emociones, por el contrario, se tornan demasiado intensas, frecuentes o duraderas es porque algo está fallando en tu "software interno", probablemente es porque estás tratando de controlar lo incontrolable. Probablemente estés diciéndote a ti mismo que las cosas tendrían que ser de otra manera, justamente de la forma que a ti te gustaría y esta forma de pensar al final te frustra porque las cosas no van a ser así solo porque nosotros queramos.

Interioriza la idea de que no hay nada que puedas controlar más que a ti mismo y te harás una persona flexible y fuerte a nivel emocional, capaz de disfrutar de lo que tiene entre manos.

HAZLO AHORA

Uno de los hábitos más importantes para ser feliz y dejar a otros ser feliz es el hábito de dejar el control asegurándote solamente de controlar lo que te corresponda a tu vida y listo.

Vive feliz cada día de tu vida

No hay medicina que cure lo que no cura la felicidad.

-Gabriel García Márquez, escritor colombiano

Yo creo que en la medida que tú alimentes tu mente, juntándote con personas positivas, hacer cosas diferentes y hasta cambiar el canal de la T.V. (tanto literal como figurativamente), en esa medida vas a ser más feliz.

Mi esposo, Gustavo y yo, ya vamos a cumplir 10 años, sí 10 años, sin ver noticias. Y deja te digo, que no nos ha pasado nada, eso nos hace personas más felices porque nos podemos ir a dormir tranquilos.

Contrario con nuestra costumbre como mexicanos de poner el noticiero a la hora de la cena o antes de ir a dormir.

Ése es el negocio de las noticias, vender miedo. ¿Por qué demonios uno se quiere ir a dormir con temor a la cama? Evítalo a como dé lugar, mejor agarra un buen libro, un juego de mesa, vete a dormir tranquilo y despertarás tranquilo.

Si tú estás más alerta de lo que dejas entra a tu mente, a tu casa, a tu familia, sin duda se va a reflejar en tu felicidad y la de tus seres queridos.

Muchas veces creemos que no tenemos el control de nosotros, pero eso es una mentira, todo está en nosotros y nuestro deseo de querer hacerlo.

Detonador de Felicidad

Tenemos miedo a nuestra luz

Nelson Mandela nos enseñó la capacidad que tiene el perdón, la tolerancia y el respeto en la defensa de los derechos humanos. Éstas son las palabras que pronunció en su discurso como Presidente electo de Sudáfrica y que reflejan lo que fue su vida: Un ejemplo de grandeza y de ausencia de miedo a ser grande.

Nuestro mayor temor no consiste en no ser adecuados.

Nuestro temor consiste en que somos poderosos más allá de toda medida.

Es nuestra luz y no nuestra oscuridad lo que nos atemoriza.

Nos preguntamos: "¿Quién soy yo para ser brillante, espléndido, talentoso, fabuloso?"

Pero, en realidad, ¿quién eres tú para no serlo? Eres hijo de Dios.

Tus pequeños juegos no sirven al mundo.

Disminuirte a ti mismo para que los demás no se sientan inseguros a tu lado no tiene nada que ver con la iluminación.

Todos estamos hechos para brillar, como brillan los niños.

Nacemos para manifestar esta gloria que está dentro de nosotros.

Y no es que esté solo en algunos, está en todos nosotros.

En la medida en que dejamos que brille nuestra propia luz, damos a otros permiso para hacer lo mismo.

En la medida en que nos liberamos de nuestro miedo, nuestra presencia libera automáticamente a otros.

HAZLO AHORA

Te invito a tomar el reto de anotar durante una semana en una libreta todos los programas que ves, nos juzgues ni nada, solamente toma nota y escribe el tiempo que invertiste viendo ese programa.

Al final de la semana revisa qué es lo que estás dejando entrar a tu mente y toma acciones para eliminar todos aquellos programas que no le aportarán algo positivo a tu vida.

Este ejercicio lo puedas hacer con varias actividades de tu día a día, para que al hacerlo por escrito puedas ser consiente de lo que estás dejando entrar a tu vida. Si es positivo padrísimo y si no debes de hacer algo, la decisión es solo tuya.

Bájale rayitas a tu expectativa

El pesimista se queja del viento; el optimista espera que cambie; el realista ajusta las velas.

-William George Ward, escritor inglés

¿Qué quiere decir eso? Como seres humanos, tenemos muchas capacidades y hacemos un montón de cosas, pero también somos bien exigentes. Nos gusta demandar muchas cosas a la pareja, a los hijos, y a todo aquel que esté a nuestro alrededor. Ahí es donde empiezan los problemas, por eso te digo *Bájale unas rayitas.*

Si estás teniendo problemas es porque tu expectativa está muy alta, deja que esa persona aprenda, que cambie pero sin alterarte, sin poner alta la vara. Porque si tú pides algo y la persona lo hace a un punto más bajo, ya valió. Vas a tener un conflicto todos los días de tu vida.

Pero tampoco te vayas a ir al otro extremo y te vayas a querer hacer mediocre, y uses esto como justificación para aceptar cosas holgazanas. No va por ahí, tú debes ser consiente de dónde, con quién y en qué tener expectativas bajas y dónde no.

Recuerda que cada persona tiene un proceso, sobretodo esas personas que están con nosotros, por algo están con nosotros. Si tú los dejas de juzgar, los dejas de controlar, los dejas libres y bajas tus expectativas, vas a tener días más amorosos y felices. Porque la expectativa alta trae desilusiones. También usa el diálogo para solucionar las diferencias, para arreglarte con la gente y tus seres queridos.

Detonador de Felicidad

6 cosas que debes dejar de esperar de los demás si quieres ser feliz

La única forma en que podemos evitar el impacto de otras personas en nuestras vidas, es dejar de ser parte de la realidad social tal como la conocemos.

En otras palabras – el impacto de otras personas en nuestras vidas es inevitable, sin embargo ser feliz debe ser nuestra prioridad.

Depende de nosotros, así que vamos a echar un vistazo más de cerca a la manera de cómo deshacerse de la pesadez de la desconsideración de los demás, y aprender a ser feliz sin esperar nada de los demás.

Aquí están 6 cosas que debes dejar de esperar de los demás si quieres ser feliz

1. **No esperes que la gente re respete si no te respetas a ti mismo.** No te van a admirar, si no te admiras a ti mismo. Decide este minuto dejar de buscar en los otros una prueba de que eres hermosa, fuerte y capaz. Lo creas o no, eres extraordinario. Nunca dudes de eso.

2. **Dejar de depender de los demás para tu propio bienestar.** Una vez que te acostumbras a depender de otra persona para tu propio bienestar, dejas de poner suficiente esfuerzo en cuidarte a ti mismo. En lugar de sentir una constante falta de la presencia de alguien, trata de concentrarte en tu propia presencia.

3. **Deja de esperar que los demás te hagan feliz.** Deja de esperar que cada persona que encuentras en tu vida está ahí para traerte alegría y felicidad.

A veces sentirás como si alguien acaba arruinándote las cosas. Juzgar y enojarse no ayudará. Acepta el hecho de que la cosa más natural para un ser humano es la meta de la felicidad personal.

4. **Deja de esperar que la gente sepa lo que estás pensando.** La comunicación es la clave para las relaciones saludables y la paz interior. Al conocer a un nuevo compañero – salta los juegos y di lo que piensas. Cuando tienes algunos problemas con amigos – se honesto y está dispuesto a hablar.

5. **No esperes que la gente esté bien todo el tiempo.** Se amable y delicado con todos los que conoces, están luchando sus propias batallas que quizás no sabes nada al respecto. No esperes que la gente esté bien todo el tiempo. Nadie está libre de problemas.

Deja de esperar que la gente quepa en tu idea de lo que deben ser. Todos sabemos lo agotador y frustrante que es tratar de encajar en las expectativas de lo que se supone debemos ser. Es por eso que tenemos que dejar de insistir en que otros cambien sólo porque tenemos una visión particular de lo que queremos que sean.

HAZLO AHORA

Escoge un punto de los anteriores y trabájalo hasta que se convierta en un hábito y una vez que lo dominaste síguele con otros y así sucesivamente hasta que todo esto lo hagas en automático y sea parte de tu vida.

_____

_____

_____

_____

_____

_____

Cada quien creamos nuestra propia abundancia o miseria. ¡Yo soy responsable!

He fallado una y otra vez en mi vida, por eso he conseguido el éxito.

-Michael Jordan, considerado el mejor jugador de baloncesto

Hay personas que no les gusta que le digan esto, porque muchas veces estamos acostumbrados a que otros se hagan responsables de nosotros. Y en esas cosas, también las mujeres tienen algún malentendido en su cabeza, quieren hacer a la pareja o a los pobres hijos responsables de su persona.

Tú eres un ser capaz, y tienes que ser responsable de ti. Obvio si hay alguien te ayuda y hay muy buena comunicación con alguien ¡genial! Pero todos haciéndose responsables de su parte, con interdependencia no dependencia.

Tú decides la vida que tienes hoy, de ahí que cada quien crea su propia abundancia. La abundancia normalmente se relaciona con dinero, también es salud, armonía contigo y con los demás, es compartir con otros; por eso mismo tú decides la vida que quieres tener.

Yo te tengo buenas noticias, todos vivimos en un universo con recursos inagotables, un universo lleno de abundancia. Yo puedo trabajar por esa abundancia, pero no puedo exigir que llegue a mí sin hacer nada. Ahí entra la parte que dice "yo soy responsable", en la medida que te muevas.

Un tip: Cuando tú tienes un sueldo, acostúmbrate a ser una persona que no gaste más de lo que gane, en esa medida tendrás más abundancia. Hay una regla que dice que guardes del 10 al 20% de tu ingreso. Pero si haces el mal hábito de gastar más de lo que ganas, no vas lograr vivir en abundancia.

No importa la cantidad que ganes. Luego hay personas que se endeudan por estar compitiendo a ver quién tiene el último carro, celular, etc. Tú debes saber qué es lo que quieres, cuando estás centrado en tu vida, cuando sabes realmente lo que necesitas y quieres, en esa medida vas a hacer las cosas diferentes.

Detonador de Felicidad

Michael Jordan, fue responsable de su vida

Jugador de baloncesto norteamericano considerado el mejor de la historia de este deporte. Parecía capaz de permanecer por unos instantes suspendido en el aire; tal facultad o «don del cielo» -nunca mejor dicho- le valió el sobrenombre de Air Jordan.

Aunque nacido en el barrio neoyorquino de Brooklyn, la infancia de Michael Jordan transcurrió en la localidad de Wilmington, en el estado de Carolina del Norte, a la que se había trasladado con su familia. Aficionado desde pequeño al baloncesto, empezó a despuntar siendo todavía un adolescente; a los trece años, su padre hizo construir una pista de baloncesto en el patio trasero de su casa, donde empezó a ser la admiración del barrio y de los vecinos que se reunían las tardes del fin de semana para jugar al básquet y hacer barbacoas.

El mismo año de su triunfo en los Juegos Olímpicos de Los Ángeles inició su carrera en el baloncesto profesional: fue elegido en el draft de la NBA por los Chicago Bulls, equipo en el que permanecería a lo largo de casi toda su carrera deportiva y con el que ganó seis campeonatos de la NBA (1991-1993 y 1996-1998). Máximo encestador en diez temporadas, obtuvo un promedio de 32 puntos por partido, récord absoluto de la NBA, y fue elegido mejor jugador en 1988, 1991, 1992, 1996 y 1998.

En octubre de 1993, tras el asesinato de su padre, abandonó la competición, pero regresó a la NBA en marzo de 1995 y se convirtió nuevamente en la estrella de los Chicago Bulls. Poco después el supersticioso Jordan solicitó su número de la suerte, el 23, como un favor especial, y los responsables del torneo le permitieron jugar con el mítico dorsal. Otra de las numerosas manías de este extraordinario baloncestista era llevar, debajo de la indumentaria de los Bulls, algunas prendas de la Universidad de Carolina del Norte, por haber logrado allí sus primeros éxitos.

Vive sin complejidad y vive con simplicidad

Lo que importa es cuanto amor ponemos en el trabajo que realizamos.

-Madre Teresa de Calcuta

A mí me gusta ser una mujer muy simple, no me gusta complicarme la vida. Al haber complicación vas a ir teniendo más estrés, más cosas por hacer y demandar más cosas.

Tú decides el nivel de vida que quieres tener, cuando queremos abarcar muchas cosas tu vida se vuelve muy compleja. Pero cuando te enfocas en algo importante, mejor desempeño vas a tener.

Hasta para la comida aplica esto, entre más sencilla sea tu alimentación más sano vas a estar. Aplícalo a cualquier cosa que quieras en la vida, entre más complejas sean tus relaciones, entre más altas sean tus expectativas, entre más quieras controlar, tu vida se va a ir haciendo más y más difícil.

Entre más simple sea tu vida, mejor vas a ver las cosas y con más claridad.

Detonador de Felicidad

Camino de sencillez

La Madre Teresa de Calcuta nació en Skopje, en la actual Macedonia, en 1910. En 1928 entró en la Orden de las Hermanas de Loreto, en Dublín (Irlanda), desde donde fue enviada a la India para iniciar su noviciado.

En la India se dedicó a la enseñanza hasta el año 1948, en que abandonó la orden para fundar las Misioneras de la Caridad. Con la ayuda de las personas que formaron parte de su congregación, su esfuerzo para ayudar a los más pobres se extendió por el mundo entero.

Dejó atrás el convento para librarse de lujos y cosas complicadas, así podría dedicar su vida a los más necesitados, sin las ataduras que una vida normal conlleva.

Recibió numerosos premios, entre los que se cuenta el Nobel de la Paz en 1979.

Escribió un libro done comprarte los pensamientos y experiencias que le han servido para llevar acabo su extraordinaria labor de caridad. Camino de sencillez es una singular guía espiritual tanto para los católicos como para los no católicos, un libro que está lleno de la sabiduría y la esperanza de la persona que nos ha ofrecido el mejor modelo de amor en acción de nuestros días.

HAZLO AHORA

Cada cierto tiempo en tu vida, mínimo cada año te recomiendo hacer el ejercicio de sacar de tu casa, de tu escritorio todas esas cosas que no necesitas, este sencillo ejercicio te permitirá soltar y dejar sólo lo que necesitas, y al terminar te sentirás mejor, así que práctica.

Práctica para que se te haga el hábito de vivir primero sin complicaciones físicas para que luego puedas pasar a otro reto mayor a trabajar y donde sepas que tienes que quitarle complejidad.

Abajo puedes escribir aquellas cosas que no necesitas:

Deja de quejarte

El que todo lo juzga, encontrará la vida difícil.

-Lao Tse, filósofo chino

El tener el hábito negativo de la queja de verdad que no soluciona nada, si leíste bien, no soluciona nada, y de verdad que nunca vas a ser feliz. La gente que se queja hasta llega a fastidiar, uno se cansa rápidamente de ellos.

Así que si no quieres caer mal, no seas quejumbroso. No te quejes de nada, escucha tus conversaciones, pon atención a lo que dices y lo que se dice en tu alrededor.

El quejarse como ya a muchos se les hizo un hábito negativo y además es algo que la mayoría de la gente hace ya se convirtió en un comportamiento socialmente aceptable, de verdad que flojera convivir con personas que de cualquier cosa se quejan: que si amaneció nublado, que ahora hace mucho sol; en vez de buscarle la vuelta y decir: "hoy amaneció nublado, no hará calor", "hoy hace mucho sol, qué rico" y ejemplos como estos hay una infinidad.

Si te estás quejando constantemente, cámbialo, haz algo para detenerlo.

Si no lo cambias, te va enfermar, te va a alejar de las personas que quieres. Pon acción para que eso cambie.

Si no me crees, haz el siguiente ejercicio, agarra una libreta o un papel y anota todas las quejas de una semana.

Para que al final analices si eres una persona quejumbrosa o no. Si te das cuenta que eres una persona que se queja demasiado, ¡aguas! Hay que cambiar esa actitud.

El quejarte limita y obstruye que entre toda la abundancia que está ahí. No te deja ver las oportunidades, al quejarte te victimizas y dejas de hacer cosas. A quienes hasta disfrutan de ser víctimas, porque hace que los demás volteen a verlo y llame la atención. Eso no sirve de nada, y va a llegar el momento en el que te van a dejar.

Tienes que elegir entre estar en un escenario de víctima o estar en un escenario de protagonista.

Y ser protagonista es tomar el control de tu vida, hacer los cambios que tengas que hacer y sí muchas cosas van a doler, van a costar, te van a sacar de tu zona de confort, pero te dará el control de tu vida y más felicidad.

HAZLO AHORA

El mejoro hábito que te puedes regalar a ti y a los tuyos es no quejarte.

Toma acción y compra el libro de: "Un mundo sin quejas" de Will Bowen, léelo con atención y te desafío a practicar el reto que planea su autor, y es; dejar de quejarte durante 21 días.

Estaré esperando tu correo para que me cuentes cuál fue el resultado, toma acción y escríbeme a ana@ignius.com.mx

Detonador de Felicidad

Las Quejas, Juicios y Críticas Provocan Pobreza, Enfermedad y Caos

"Es mejor encender una vela, que maldecir la oscuridad". Ghandi

Cambia la forma de ver las cosas y las cosas cambiaran de forma

Si algo no te gusta. Cámbialo. Si no puedes hacerlo, cambia tu actitud. No te quejes.

En julio del 2006 Will Bowen propuso a su comunidad "el reto de los 21 días", con el propósito de ayudar a eliminar cualquier rastro de queja o lamento y sus nocivas consecuencias para el individuo.

Su propuesta fue muy simple. Te colocas una pulsera morada con la leyenda "un mundo sin quejas" y lo mantienes durante 21 días sin emitir ningún tipo de queja o critica. Así sea "me duele la cabeza" o "nada me está saliendo bien".

Si durante este periodo emites algún lamento, debes cambiar la pulsera de muñeca y volver a empezar.

Te estamos proponiendo asumir este reto de 21 días sin quejas, sin críticas y sin chismes. Si lo logras, habrás hecho de tu vida un paraíso sin enfermedades. Tendrás mejor ánimo, menos dolores, relaciones más favorables, mayor autoestima, etc. Serás una persona más feliz y armoniosa.

Muchas personas decían que no se quejaban demasiado, pero con el ejercicio, se dieron cuenta que lo hacían unas 20 veces en promedio al día. ¿Y tú? ¿Estás listo para hacer el reto?

Evento + Reacción = Resultado

Cuando no se puede lograr lo que se quiere,
mejor cambiar de actitud.

-Terencio, escritor romano

Esto es una filosofía de vida muy práctica, toda nuestra vida está llena de eventos, en nuestro día a día vivimos eventos positivos y negativos, estos son parte de la vida, son los que le ponen sabor, diversión, reto.

En cada evento que te ocurra, tú decides qué reacción tomar, pero lo tienes que tomar consciencia, ya que según la reacción que tomes en ese evento, va a ser el resultado.

Si tú reaccionas ante un evento negativo de manera negativa, el resultado va a ser todavía más negativo. Contrario a si tú reaccionas de manera proactiva o positiva ante ese mismo evento, el resultado será mucho mejor.

Tú lo decides, recuerda que el resultado lo hacemos nosotros. Aplícalo en tu vida, porque luego somos muy buenos para ver la paja en el ojo ajeno y no la viga en el nuestro.

Detonador de Felicidad

Lo que es

Luego le echamos mucho drama a las cosas, y hasta hacemos una novela de cosas que eran bien chiquitas.

Voy contarte una historia que me ocurrió para que veas cómo luego nos gusta hacer dramas de cosas que inventamos.

Gustavo y yo tenemos un grupo de amigos que desde la prepa nos seguimos juntando, y ya llevamos más de 24 años juntos. Todos los amigos de este grupo, nos casamos más o menos por la misma época, y todos nuestros amigos comenzaron a tener niños.

Como yo soy súper niñera y me gusta jugar mucho con los niños. Había uno de esos niños que iba a ser su cumpleaños, iba a cumplir 3 añitos, yo a todos lo niñitos lo quiero casi como mis sobrinos, entonces indudablemente me sabía sus fechas de cumpleaños.

Este niñito cumple años el 20 de noviembre, y en ese entonces ya estábamos en 17, luego pasaron el 18 y 19 y no nos hablaban para la fiesta, cosa que siempre hacían, terminó en que no nos hablaron.

En mí cabeza ya empezaba toda una revolución de ideas, me venían frases como "no nos invitaron porque no tenemos hijos", "ya se van a empezar a alejar de nosotros", ya me estaba inventando toda una historia o mejor dicho una novela. Total que llegó el 20 y nada, no nos invitaron. Fui con Gustavo enojadísima, y empezamos a platicar:

-Yo: ¡Mira! ¡No nos invitaron!

-Gus: Tranquila, a lo mejor se les olvidó.

-Yo: ¡Claro que no! ¡¿Cómo se les va a olvidar?! ¡Si siempre nos invitan! ¡Ellos saben que queremos mucho a su bebé!… (Y más cosas así)

-Gus: No, no te hagas ideas que no son.

Ya dos días después que me encuentro a Pedro, al papá, y me dice:

-Pedro: ¡Ay Ana estoy bien apenado!

-Yo: ¿Por qué?

-Pedro: Es que se me olvidó invitarte

¿Sí te fijas? Yo estuve enojada, estresada e inventando historias por cinco días, envenenando a Gustavo con historias que además eran totalmente falsas.

¿Qué es lo que es? Que no nos invitaron, así de simple, quitémosle la emoción, dejemos de inventar historias.

Si algo va a pasar, pasará en su momento, no te preocupes y alteres desde antes, ni a ti ni a los demás. No comiences a hacer toda una novela de cosas que no son.

HAZLO AHORA

Cada día de tu vida practica el hábito de ver "lo que es" en todas las situaciones de tu vida y te garantizo serás una persona más feliz.

Para que te valoren, ¡Valórate!

Sólo si me siento valioso por ser como soy, puedo aceptarme, puedo ser auténtico, puedo ser verdadero.

-Jorge Bucay, escritor y psicoterapeuta argentino

Exigimos que nos respeten que nos valoren, pero nosotras y nosotros mismos no nos queremos ni valoramos.

El valor es el aprecio que le damos a algo o alguien, si tú no aprecias tus cualidades, tu belleza, tu capacidad, etc. Nadie más lo va a apreciar y así no podemos exigir.

Tenemos que iniciar por valorarnos a nosotros mismos, empecemos a abrazar, querer y amar lo que ya somos. Y ya después si algo no te gusta haz algo, luego nos vemos en el espejo y nos decimos "¡mira esas lonjas!", "ni para qué me arreglo, ve cómo estoy" y comentarios de ese estilo. Desde ahí estás demostrándote que no te quieres y no te valoras.

Para que te puedas querer y valorar más, tienes que hacer tú, los cambios que quieras o creas necesarios. Y cada quién sabe qué cambiarse.

Detonador de Felicidad

Demóstenes

El joven Demóstenes soñaba con ser un gran orador, sin embargo este propósito parecía una locura desde todo punto de vista.

Su trabajo era humilde, y de extenuantes horas a la intemperie. No tenía el dinero para pagar a sus maestros, ni ningún tipo de conocimientos.

Además tenía otra gran limitación: Era tartamudo.

Demóstenes sabía que la persistencia y la tenacidad hacen milagros y, cultivando estas virtudes, pudo asistir a los discursos de los oradores y filósofos más prominentes de la época. Hasta tuvo la oportunidad de ver al mismísimo Platón exponer sus teorías.

Ansioso por empezar, no perdió tiempo en preparar su primer discurso. Su entusiasmo duro poco: La presentación fue un desastre.

Fue un gran fracaso. A la tercera frase fue interrumpido por los gritos de protesta de la audiencia:

- ¿Para qué nos repite diez veces la misma frase? - dijo un hombre seguido de las carcajadas del público.

- ¡Hable más alto! - exclamó otro -. No se escucha, ¡ponga el aire en sus pulmones y no en su cerebro!

Las burlas acentuaron el nerviosismo y el tartamudeo de Demóstenes, quien se retiró entre los abucheos sin siquiera terminar su discurso.

Cualquier otra persona hubiera olvidado sus sueños para siempre. Fueron muchos los que le aconsejaron –y muchos otros los que lo humillaron- para que desistiera de tan absurdo propósito.

En vez de sentirse desanimado, Demóstenes tomaba esas afirmaciones como un desafió, como un juego que él quería ganar.

Usaba la frustración para agrandarse, para llenarse de fuerza, para mirar más lejos. Sabía que los premios de la vida eran para quienes tenían la paciencia y persistencia de saber crecer.

- Tengo que trabajar en mi estilo.- se decía a sí mismo.

Así fue que se embarcó en la aventura de hacer todo lo necesario para superar las adversas circunstancias que lo rodeaban.

Se afeitó la cabeza, para así resistir la tentación de salir a las calles. De este modo, día a día, se aislaba hasta el amanecer practicando.

En los atardeceres corría por las playas, gritándole al sol con todas sus fuerzas, para así ejercitar sus pulmones.

Más entrada la noche, se llenaba la boca con piedras y se ponía un cuchillo afilado entre los dientes para forzarse a hablar sin tartamudear.

Al regresar a la casa se paraba durante horas frente a un espejo para mejorar su postura y sus gestos. Así pasaron meses y años, antes de que de que reapareciera de nuevo ante la asamblea defendiendo con éxito a un fabricante de lámparas, a quien sus ingratos hijos le querían arrebatar su patrimonio.

En esta ocasión la seguridad, la elocuencia y la sabiduría de Demóstenes fueron ovacionadas por el público hasta el cansancio.

Demóstenes fue posteriormente elegido como embajador de la ciudad.

Su persistencia convirtió las piedras del camino en las rocas sobre las cuales levantó sus sueños.

¡¡Animo tú puedes!! Sólo siendo persistente conquistarás tus sueños.

HAZLO AHORA

En las siguientes líneas escribe todas las cualidades, actitudes y fortalezas que valoras de tu persona.

No dejes de escribir y si de momento no vienen a tu mente no te preocupes vuelve a regresar una y otra vez hasta que tengas identificada tu riqueza personal.

_____

_____

Encuentra pasión en la vida

Las pasiones son los viajes del corazón

-Paul Morand, escritor francés

Un secreto que yo tengo, es que soy una persona apasionada, yo no hago algo si no me apasiona, me siento falsa y mentirosa.

Por ejemplo, escribir este libro para ti, es algo que me da muchísimo gusto y me llena mucho, compartirte mi filosofía de vida, cosas que me apasionan muchísimo me encantan y me hacen sentir viva.

¿Qué te encanta a ti hacer? Porque en la medida que hagas eso, en esa medida lo vas a transmitir, lo vas a hacer de la mejor manera y espléndidamente bien.

Detonador de Felicidad

Steve Jobs, la pasión de ser diferente

El creador de Apple, no sólo revolucionó la industria tecnológica, sino que lo que él quiso fue satisfacer las necesidades del público, que los consumidores se sintiesen reflejados con las cosas que fabricaba.

¿Cómo este creador logró obtener el éxito y ser un mito para el mundo de los negocios? Aunque estamos inmersos en una sociedad que sólo piensa en los resultados, Steve Jobs tenía otra visión de la vida, creía que el trabajo bien hecho tenía buenos resultados.

Él nunca giró su mirada hacia lo económico, sino que lo que quiso fue mejorar la vida de muchas personas, con la fabricación de un nuevo producto. ¿Cómo conseguir esto? Muy sencillo, según Jobs la constancia, la perseverancia, la pasión y el esfuerzo nos pueden ayudar a conseguir el éxito en la vida.

El primer paso para alcanzar esto es borrar de nuestra mente el término rutina, y por tanto, conseguir que cada día se convierta en algo apasionante. Esto lleva consigo que nuestra profesión sea un estilo de vida, que disfrutemos cada momento.

Ámate y lo que no te guste cámbialo

Todos piensan en cambiar el mundo, pero nadie piensa en cambiarse a sí mismo.

-Alexei Tolstoi, novelista soviético.

Aquí hay un tip maravilloso, que una vez una chica me compartió en un taller, ella me contó que todas las mañanas se para frente al espejo –ya arreglada, no modorra-, y al ver su reflejo, se hace a ella misma la siguiente pregunta "¿qué puedo hacer por ti?".

Cuando uno logra conectar con uno mismo de esa forma tan especial, puedes pedirte y lograr muchas cosas, puedes pedirte que hoy te hagas un lindo día, por ejemplo. O te puedes pedir que no te estreses por el trabajo, el tráfico, etc., lo que sea te lo puedes pedir a ti mismo.

Y no es que te estés volviendo loca o loco, porque cuando haces ese ejercicio de interiorizarte, te conectas contigo mismo, entras a ti. Es algo muy bonito, yo me pido a mí Ser Feliz, Vivir.

Este ejercicio es muy bueno, porque ya dejas la intención en tu cabeza y así inicias el día.

Detonador de Felicidad

Ben Carson, de tonto de la clase a líder mundial en Neurocirugía Pediátrico

El Dr. Benjamin S. Carson, M.D. es un médico neurocirujano, psicólogo, escritor y filántropo adventista nacido en Estados Unidos. Es el actual Director del Departamento de Neurocirugía Pediátrica del Hospital Johns Hopkins de Baltimore, Maryland, EE.UU., y probablemente el mejor neurocirujano infantil del mundo.

Su vida estudiantil fue complicada porque, aparte de la antipatía y exclusión expresada por sus compañeros, al ser una escuela predominantemente blanca, continuamente era ignorado por sus maestros. Ante tantos insultos, paulatinamente, fue desarrollando un temperamento agresivo e incontrolable.

Su madre tras una pequeña experiencia, decidió tratar diferente a sus hijos.

El trato consistió en permitirles ver exclusivamente dos programas a la semana, pero solamente si leían dos libros, para lo cual tenían que escribir las reseñas correspondientes (a pesar de que, debido a su propia falta de educación, ella apenas podía leer los informes que Ben escribía). Los niños protestaron, se inconformaron, pero la madre se mantuvo firme.

Al paso del tiempo Ben empezó a disfrutar de los libros, su imaginación comenzó a despertar de manera genial. Fue entonces que se dio cuenta de que no era tonto.

Gracias a su aprovechamiento, recibió una beca en la Universidad de Yale, de donde se graduó con honores en Piscología y después en la Universidad de Michigan se graduó de medicina, también con honores.

Actualmente es un reconocido médico y filántropo, con un una beca que lleva su nombre.

HAZLO AHORA

Ya lo sabes, tu hábito a trabajar es el ejercicio del espejo todos los días de tu vida.

Este ejercicio me encanta porque es una forma consciente de conectar contigo y con tu responsabilidad para tomar el control de tu vida.

_____

_____

_____

_____

_____

_____

Siempre habla con datos y no de otros

La verdad es una y el error, múltiple

-Simone de Beauvoir, novelista e intelectual francesa

Esto te va a ayudar mucho, en ocasiones no somos felices porque no hablamos con datos y esto nos genera grandes problemas.

Sé una persona que siempre hable con datos, si no tienes datos en qué sustentarte, no le digas nada a la otra persona. Porque muchas veces hablamos sin datos, luego ya se armó la novela y total que ni era cierto.

Datos es que tengas información tangible, cosas verídicas. Hay un autor que una vez dijo: Si tú vas a decir algo, pásalo por el filtro de "¿Lo que te voy a decir, te va a servir?" esto como primer filtro, enseguida el segundo filtro: "¿Lo que te voy a decir, va a hacer que me estimes más?" y la tercera es: "¿Lo que te voy a decir, te va a hacer una mejor persona". Si pasas las tres preguntas, díselo; pero si no tienes datos o no pasas ninguna *calladito te verás más bonito*, porque si lo dices seguro vas a dañar.

Detonador de Felicidad

Águila-gallina

Un guerrero indio se encontró un huevo de águila, el cual recogió del suelo y colocó más tarde en el nido de una gallina. El resultado fue que el aguilucho se crió junto a los polluelos.

Así, creyéndose ella misma gallina, el águila se pasó la vida actuando como éstas. Rascaba la tierra en busca de semillas e insectos con los cuales alimentarse. Cacareaba y cloqueaba. Al volar, batía levemente las alas y agitaba escasamente su plumaje, de modo que apenas se elevaba un metro sobre el suelo. No le parecía anormal; así era como volaban las demás gallinas.

Un día vio que un ave majestuosa planeaba por el cielo despejado.

Volaba sin casi batir sus resplandecientes alas dejándose llevar gallardamente por las corrientes de aire.

-¡Qué hermosa ave! - le dijo a la gallina que se hallaba a su lado. ¿Cuál es su nombre?

- Águila, la reina de las aves - le contesto ésta. Pero no te hagas ilusiones: nunca serás como ella.

El águila a vieja llegó y murió creyendo que era gallina.

HAZLO AHORA

Si quieres ser más feliz, te invito a que cuando alguien venga conmigo y te quiera contaminar o sembrar la semillita de la discordia en relación a alguien que tú conoces, no lo escuches simplemente dile: "por favor no hables de él/ella conmigo mejor habla tú con él/ella", y listo comenzaremos a practicar un hábito muy muy positivo para todos.

Reconoce tu grandeza y la de otros

El hombre que se levanta es aún más grande
que el que no ha caído.

-Concepción Arenal, socióloga española

En la medida en la que te valoras, y en la medida en la que valoras a otros, sin importar su género, raza, religión, edad, en esa medida tú serás más grande y mejor humano.

Yo sí soy de las personas que creen, que Dios me trajo al mundo con estos talentos y capacidad que me dio para hacer algo. Y reconozco esa grandeza y la exploto.

Yo sé que no nos trajeron aquí nada más para pasar el rato. Nos trajeron aquí para hacer y ser grandes cosas y personas, y esas cosas que debemos hacer son las cosas que tú quieres y te gustan.

Tienes que empezar a reconocer esa capacidad y esa grandeza, porque todos somos capaces. Cómo estoy tan seguro de eso, fácil: porque todas las personas que están en la tierra o que han pasado por aquí y que forman parte también de la historia, son personas como tú y como yo. Son seres humanos, no sé de alguien famoso que sea un marciano o que venga de otro planeta.

¿Cuál es la diferencia entre esos grandes personajes y los demás? Que ellos sí se la creen, reconocieron su grandeza y trabajaron muchísimo para lograr lo que hicieron.

HAZLO AHORA

Te invito a que todos los días de tu vida te reconozcas, agradezcas y que también impulses a los que están cerca de ti. Porque todos somos seres humanos capaces y grandiosos.

Detonador de Felicidad

Malala Yousafzai

Malala es una adolescente de Pakistán. A su corta edad se ha convertido en la mujer más joven en ser nominada al Premio Nobel de la Paz por su trabajo activista en la educación y los derechos de las mujeres. Desde los 11 años ha luchado por sus derechos.

En 2009 cuando Malala tenía apenas 11 años comenzó un blog, bajo un pseudónimo para la BBC, que contaba cómo era para ella vivir bajo las reglas del Talibán, así como sus pensamientos acerca de la educación de las mujeres. Malala escribía notas a mano y se las pasaba a un reportero de la BBC en secreto.

En octubre de 2012 el Talibán trató de asesinarla, disparándole en la cabeza mientras regresaba a casa de la escuela en un autobús. Fue trasladada a Inglaterra donde se recuperó y pasó por un proceso intenso de rehabilitación.

Un enviado especial de las Naciones Unidas para la Educación Mundial, Gordon Brown, lanzó una petición a nombre de Malala con el slogan "Yo soy Malala" pidiendo que todos los niños del mundo tengan acceso a la educación para el 2015. Esta petición ayudó a la ratificación de la primera ley de "Derecho a la Educación" de Pakistan.

Además de su nominación al Premio Nobel de la Paz, la revista Time nombró a Malala una de las 100 personas con más influencia en el mundo este año.

En julio la joven dio una plática en las Naciones Unidas acerca del acceso mundial a la educación. El evento fue llamado "Día de Malala", y fue el primer discurso de la adolescente después del atentado. Durante su plática anunció "El día de Malala no es mi día. Hoy es el día de cada mujer, cada niño y cada niña que han levantado sus voces por sus derechos".

Siempre hacia adelante

El progreso consiste en renovarse

-Miguel de Unamuno, escritor y filósofo español

La vida es siempre hacia adelante, nadie puede estar parado y estático en un solo lugar. Hay de dos sopas en la vida del humano: o estás avanzando hacia adelante, o estás retrocediendo o ya estás muerto.

La gente que retrocede, es aquella que está clavada o enganchada en el pasado, culpando a los demás, sin perdonar a nadie, metido en mucha negatividad.

El pasado ya pasó, déjalo ahí, vive tu presente. Del futuro no te angusties, porque también luego por estar pensando en el mañana no vivimos el hoy.

Recuerda que la palabra presente, también significa regalo, obsequio <te traigo un presente>, así que hoy el día en que estás leyendo esto es un regalo que te están dando.

Que ya no te aflija lo que pasó ayer o hace 3 o 15 años, ya pasó. Si hay cosas positivas, abrázalas y que eso te impulse pero lo negativo perdónalo y déjalo ir.

Sé como una rana, las ranas son animalitos que por su fisionomía siempre van hacia adelante, siempre saltan hacia adelante, así debemos ser los seres humanos. Siempre tenemos que ir hacia adelante.

Yo sé que hay personas que han estado en terribles inviernos –tal vez tú seas una de esas personas-, pero te aseguro que si sigues adelante te espera una increíble primavera. Si por el otro lado te está yendo excelente, todo marcha de maravilla, disfrútalo y agradécelo. Vive el hoy.

Detonador de Felicidad

La verdadera historia de Sylvester Stallon

La historia de Sylvester Stallone es un ejemplo de perseverancia, creatividad y convicción; la combinación perfecta para lograr el éxito a partir del fracaso.

Sylvester Stallone es una de las superestrellas más famosas de EEUU. Hace años, Stallone luchaba por tener éxito como actor en casi cualquier categoría, sin ver resultados.

En cierto momento, estaba tan desesperado que robó las joyas de su mujer y las vendió. Las cosas se pusieron tan mal que terminó viviendo en la calle durante 3 días, en la estación de autobuses de Nueva York. Incapaz de pagar el alquiler o comprar comida, su punto más bajo llegó cuando quiso vender a su perro a cualquier desconocido que pasara por la tienda de licores. No tenía dinero para seguir alimentándolo, y lo vendió por sólo $25. Él cuenta que se fue llorando.

Dos semanas más tarde vio a un combate de boxeo entre Mohamed Ali y Chuck Wepner que le dio la inspiración para escribir el guión de la famosa película: "Rocky". ¡Escribió el guión en 20 horas! Trató de venderlo y recibió una oferta de $125.000.

Él tenía una condición: Quería protagonizar la película. Quería ser el actor principal, ¡el mismísimo Rocky! Sin embargo, la productora dijo NO. Ellos querían un actor "de verdad".

Se fue con su guión, y unas semanas más tarde, el estudio le ofreció $250.000 por el guión. Él se negó. Incluso le ofrecieron $350.000, incluso así dijo que no. Él quería estar en esa película.

Después de un tiempo, el estudio cedió y le dio $35.000 por el guión y le dejaron protagonizar la película.

¡El resto es historia! La película ganó los Oscar como Mejor Película, Mejor Dirección y Mejor Montaje. ¡Incluso fue nominado a mejor actor! La película ROCKY sigue incluida como una de las más exitosas de la historia del cine americano.

HAZLO AHORA

En las siguientes líneas escribe con honestidad.

¿Qué acontecimiento de tu pasado no te deja avanzar?

_____

_____

_____

_____

_____

_____

_____

Sé honesto u honesta de una vez por todas y responde: ¿qué ganas de seguir enganchando en ese acontecimiento de tu pasado? Suerte en esta respuesta ya que si la identificas con honestidad podrás seguir avanzando en tu vida y ser feliz.

Perdona, corta y ve hacia delante

No hay paz sin justicia, no hay justicia sin perdón

-Juan Pablo II, Papa de la Iglesia católica

Ésta es una filosofía japonesa que un sensei le enseñó a Gustavo. Los japoneses tienen una gran cultura, sus métodos son ancestrales y tienen muchas filosofías del perdón.

Ellos, al samurái le dicen corta con tu sable y sigue avanzando. Ese cortar es también a cualquier cosa que te hayan hecho, que te haya pasado, que te esté pasando, corta, perdona y sigue hacia adelante.

Tal vez estás pensando que no es fácil, pero verás que va a ser fácil en la medida que lo creas. Porque muchas veces el orgullo y el ego nos impiden cortar y seguir avanzando. O tal vez no queremos cortar ni perdonar, porque ya nos gustó esa posición de víctima donde yo soy el centro de atención.

Si algo pasó, ya déjalo ir, perdónalo, córtalo y sigue hacia adelante.

Detonador de Felicidad

El jardín del rey

Un rey fue hasta su jardín y descubrió que sus árboles, arbustos y flores se estaban muriendo.

El Roble le dijo que se moría porque no podía ser tan alto como el Pino.

Volviéndose al Pino, lo halló caído porque no podía dar uvas como la Vid. Y la Vid se moría porque no podía florecer como la Rosa.

La Rosa lloraba porque no podía ser alta y sólida como el Roble. Entonces encontró en una planta, una fresa, floreciendo y más fresca que nunca.

El rey preguntó:

-¿Cómo es que creces saludable en medio de este jardín mustio y sombrío?

-No lo sé. Quizás sea porque siempre supuse que cuando me plantaste, querías fresas. Si hubieras querido un Roble o una Rosa, los habrías plantado. En aquel momento el rey se dijo: "Intentaré ser Fresa de la mejor manera que pueda".

Ahora es tu turno. Estás aquí para contribuir con tu fragancia. Simplemente mírate a ti mismo.

No hay posibilidad de que seas otra persona.

Puedes disfrutarlo y florecer regado con tu propio amor, o puedes marchitarte en tu propia condena.

HAZLO AHORA

Como este libro se trata de tener nuevos hábitos positivos que nos hagan más felices vamos a practicar respondiendo con honestidad:

¿Qué acontecimiento de tu pasado no te deja avanzar?

_____

_____

_____

_____

_____

_____

_____

¿Qué ganas al seguir enganchado o conectado con ese acontecimiento de tu pasado?

_____

_____

_____

_____

_____

_____

Cada día de tu vida, actitud mental positiva.

Las actitudes son más importantes que las aptitudes

-Winston Churchill, político británico

Hay mucha gente que me pregunta cómo le hago para siempre tener una buena actitud, mi secreto es que cuando algo negativo viene le meto un trancazo y me sigo para adelante. Bueno hipotéticamente hablando, para que me entiendas no me engancho por mucho tiempo en la situación ¡yo elijo la respuesta que tomaré ante los eventos que suceden o me sucederán en mi vida!

Haz ejercicio, júntate con personas positivas, muchas veces es nuestro mismo entorno el que tiene una mala actitud. No te vuelvas un evangelista e intentes cambiarlos, cámbiate a ti mismo, a tu actitud, atiéndete a ti.

Tú eres el promedio de las cinco personas con las que te juntas.

Tu círculo más cercano es el que te pasa muchas de sus cosas, su forma de ser, pensar y las cosas que hacen.

Por lo tanto, si convives con más personas negativas, obviamente eso vas a ir reflejando, así que eso es algo muy importante que debes hacer para cambiar tu actitud, juntarte con personas más positivas.

Atrévete a juntarte con personas nuevas, diferentes, salte de ese círculo. Busca lugares y formas en las que te puedas exponer a nuevas personas. La vida también es eso.

Alimenta tu mente con cosas e información positiva, ya hasta en internet podemos encontrar videos positivos. Lee, cómprate un libro que hable de cosas positivas, no veas noticias ni te expongas a ambientes negativos.

Detonador de Felicidad

Al mal tiempo buena cara

En una de las visitas que Winston Churchill realizó a Estados Unidos se mostró en todo momento muy optimista y de buen humor. Todos estaban sorprendidos de ello, pues la economía inglesa atravesaba un momento dramático.

Alguien le preguntó que por qué estaba tan alegre. Churchill comentó: "Cuando las cosas van mal hay que estar de mejor humor, ya que las desgracias huyen de quienes no les hacen caso".

Estamos aquí para ser felices y disfrutar. Todo empieza conmigo

La felicidad es un artículo maravilloso: cuanto más se da, más le queda a uno.

-Blaise Pascal, filósofo y científico francés

Es una premisa y toda una creencia que siempre tengo en el tope de mi mente. Hay veces que existen creencias limitadoras o negativas, que nos dicen: "estamos aquí para sufrir", o también dicen "si todavía no te llega el sufrimiento espérate tantito que ya no tarda". ¿Eso qué? De verdad que hay que tomar consciencia de todo lo que decimos.

Si yo digo "estoy aquí para disfrutar, para vivir, para estar en armonía, para compartir" ten por seguro que vas a disfrutar tu vida.

Esto es una ·decisión, y tú decides qué decisión tomar y cómo vivir tu vida.

Detonador de Felicidad

Resumen en 15 sencillos tips para ser feliz

Tomate un tiempo para experimentar estas propuestas, aquí resumimos muy brevemente los tips abordados. Son formas simples de encarar tu realidad diaria. Anímate: date un auto empujoncito y trabaja eso que tienes más descuidado.

1. **Haz el bien.** Ayudar a los demás y a ti mismo en los problemas de la vida, te dará fortaleza y una actitud más positiva.

2. **Busca tu pasión y hazte cargo de ella.** ¿Por qué hacer cosas que no nos gustan, si podemos hacer cosas que amamos hacer? Ve y haz aquello que quieres y no lo que te han impuesto.

3. **Vivir el momento presente.** No pierdas el instante por estar pensando en cosas que ya

pasaron o cosas que todavía no llegan y ni sabes si llegarán.

4. **Decide ser feliz.** Así de simple, y así de obvio. La felicidad es un camino no un destino, tú eliges si lo recorres o no.

5. **Piensa positivamente.** Hay dos clases de personas: los que se enojan cuando llueve y los que van y bailan bajo la lluvia, los dos se mojan pero uno se mojó gruñendo y el otro feliz.

6. **Disfruta del silencio.** A veces tanta ciudad, tanto Smartphone y tanto internet nos hace olvidar que también el silencio es paz.

7. **Saborea las pequeñas alegrías.** Quién no disfruta un chocolate después del trabajo, o un arcoíris a mediodía. Lo bello no siempre viene en paquete King size.

8. **Deja de controlar todo.** Encárgate de tu vida, verás que con eso basta.

9. **Perdona.** Nada ganas cargando rencores, perdona y sigue adelante. Te aseguro te sentirás más ligero.

10. **Haz cosas diferentes.** Salir de vez en cuando de la rutina nos abre la mente a un montón de cosas. Cuánto gusto da hacer algo nuevo.

11. **No hables mal de otros.** Recuerda que lo que Juan dice de Pedro, dice más de Juan que de Pedro.

12. **Cuídate.** Sólo tienes un cuerpo, una mente y un alma, y si está en buenas condiciones te sentirás mucho más plena o pleno.

13. **Valórate.** Si tú no te quieres, ¿por qué habrían de hacerlo los demás? Empieza por quererte tal y como eres, sólo así podrás exigir que te respeten.

14. **Deja de quejarte.** Nada ganas quejándote, nunca se ha conocido el caso del señor que se quejó tanto que las cosas cambiaron por sí solas.

15. **Siempre hacia adelante.** ¿O somos cangrejos? Hay muchas más cosas por ver adelante que atrás.

HAZLO AHORA

Estamos llegando al final de este libro y ahora te invito a que en las siguientes líneas escribas todas tus nuevas afirmaciones o creencias positivas que a partir de ahora platicarás y te acompañarán a lo largo de tu vida.

Ejercicio y comida saludable felicidad de por vida

Somos lo que comemos.

Ludwig Feuerbach.

Hablar de comida saludable y ejercicio es hoy una moda que gracias a Dios mucha gente ha tomado más conciencia que en el pasado, Sin embargo no porque esté de moda y mucha gente esté tomando el reto de comer sanamente y tener un cuerpo sano es algo bueno, déjame te explico: lo que pasa es que mucha gente está haciendo ejercicio y comiendo mejor porque está de moda y no porque realmente quiere que se convierta en un estilo de vida, El mayor problema de esta situación es que a mucha gente no le ha quedado claro que el hacer ejercicio y comer saludable es algo para ellos no para los demás, pues muchas veces la gente hace dietas y ejercicio para agradar a los demás y no porque realmente lo quiera para el o ella.

Quise dejar esta recomendación al final, ya que si no estamos sanos por más cosas que hagamos jamás vamos a disfrutar la felicidad plena, y si estamos aquí para vivir y disfrutar esta gran experiencia llamada vida, debería ser lógico para todos que debemos cuidar el vehículo que nos lo permite y ese vehículo es nuestro cuerpo.

Al igual que cualquier atleta de alto desempeño que quiere competir y tener el mejor resultado, toda persona necesita estar lo mejor posible con su cuerpo para que pueda tener un desempeño óptimo en cualquier actividad a la que se quiera enfocar, si tú te alimentas correctamente y haces algo de ejercicio ten por seguro que tu efectividad y tu resultados aumentarán.

Actualmente estamos muy informados y tenemos acceso a múltiple información que nos puede ayudar a mejorar este hábito de la alimentación y el ejercicio, sin embargo no te recomiendo que te obsesiones en ello, si no sabes lo suficiente pregunta, prepárate y pon la acción necesaria para ver de todo eso que aprendiste que lo que realmente funcione en ti y por supuesto que si necesitas ayuda de un profesional te y invitó a que lo visites, no te recomiendo escatimar un centavo en el tema de tu salud, ya que luego te puede salir muy caro el no haber tomado una decisión a tiempo.

La gente feliz no tiene una obsesión desmedida por lo que come, Las personas felices simplemente se nutren de manera adecuada y disfrutan todo lo que comen, obvio con sus raciones necesarias, pero no se limitan un antojo que algún día tienen.

Te quiero compartir algunos hábitos positivos que tengo en mi vida y que realmente me hacen sentir muy bien, te recomiendo probarlos y complementarlo con lo que ti te guste:

- asegúrate que todas las comidas que haces tu día tenga una gran porción de verduras, con una buena porción de proteína animal y tratando de eliminar los carbohidratos.

-incluye una buena porción de grasas naturales ya que estas ayudan a regular tus hormonas de manera impresionante, existen evidencias de personas que incluyen grasas naturales en su alimentación y su estado de ánimo mejora sorprendentemente, el aguacate es un gran aliado en todas tus comidas, así como el que el queso de cabra, aceitunas y muchos alimentos más.

-una vez a la semana consiéntete con algún antojo que te guste, no vivas limitado y se muy cuidadoso para que nos abuses. Te aseguro que si te controlas puedas puedes pasarla muy bien.

- Toma agua durante el día y algún te por la mañana para ayudar en el proceso de desintoxicación.

Ahora en el tema de ejercicio, te invito a que descubras cuál es el ejercicio que realmente te apasiona, yo tengo 42 años y me gusta observar a las personas de mi edad y de repente muchas de ellas por moda se han dedicado a correr pero realmente no lo hace porque les guste, Sino que lo hacen para demostrar a los demás que lo hace y que ellos son diferentes. Lo comento pues muchas veces los escucho hablar y realmente lo están haciendo por otros motivos y no por el motivo principal que es su salud, ya que el correr no es para todos y puede desgastarte y estresar o desgastar tu cuerpo sin motivo.

Comienza leve con el ejercicio que hayas decidido y conforme avancen los días y tengas ya el hábito de ejercitarte súbele la intensidad si lo deseas, algunas recomendaciones:

-No te obsesiones y quieras ver resultados de inmediato.

-Identifica cuál es tu meta y porque lo quieres hacer y asegúrate que sea por ti y para Ti.

- No te excedas y comienza primero con 3 o 4 días

-comprométete

HAZLO AHORA

Te invito a que comienzas de inmediato a poner acción para aplicarte en este tema y si ya lo haces sigue adelante.

Disfruta y vive tu vida al máximo estando sano y feliz.

CAPÍTULO IV

Recomendaciones finales

"¡Puedes ser feliz a pesar de todo! ¡Tú lo decides!".

–Ana María Godínez González

Y con esto llegamos al final de este libro que espero que al igual que yo lo hayas disfrutado y lo más importante lo practiques todos los días de tu vida hasta que se convierta en hábitos automáticos como el respirar, cuando esto suceda el trabajo ha sido realizado y serás más feliz todos los días de tu vida porque estás aquí para ser feliz y disfrutar.

HAZLO AHORA

Y para terminar te invito que en las siguientes líneas anotes con total honestidad a qué te comprometes respondiendo a la pregunta ¿qué vas a hacer diferente?

_____

_____

_____

_____

_____

_____

_____

_____

☺ ¡Hoy es el mejor día para ser Feliz! Te dejamos este bello pensamiento de la Madre Teresa de Calcuta.

☺ Hoy es el mejor día para que brindes lo mejor de ti, para que perdones, para que pienses en esa persona que has dejado olvidada y que quieras recordar.

☺ Hoy es el mejor día para que tomes decisiones en tu vida, para que esas metas que quieras realizar puedas lograrlas para que tus sueños puedas alcanzar.

☺ Hoy es el mejor día para que comiences a llenar tu vida de pequeños granitos, para que de grano en grano completes tus más grades y anheladas misiones de la vida.

☺ Hoy es el mejor día para brindes a los demás la mejor de tus atenciones, para que llames a ese amigo que tienes a distancias y le demuestres cuánto le quieres.

☺ Hoy es el mejor día para te des cuenta de que el ayer ya pasó, de que no puedes pensar en el mañana, si no vivir el HOY, porque el hoy es el que debemos vivir.

☺ No dejes pasar el tiempo, para que luego pase y pase, y entonces te des cuenta de que hoy era el mejor día para hacer todo aquello que deseabas hacer ayer y que tienes para mañana.

Detonador de Felicidad

La felicidad depende principalmente de ti, y de tu forma de ver las cosas. Es algo que va a nacer desde tu interior, y por lo tanto, no depende de los que otros hagan. La autoestima también es algo que se va a desarrollar dentro de ti, dependiendo de lo que tú hagas.

A continuación te voy a proporcionar 7 consejos que te ayudarán a ser más feliz, y a desarrollar tu autoestima.

Siéntete feliz durante 5 minutos al día. No importa que no tengas un motivo, simplemente, siéntete feliz. Si te cuesta trabajo, recuerda los momentos más felices en tu vida, y trata de reproducir ese sentimiento.

Trata de sonreír la mayor parte del tiempo. Hazlo cada que te acuerdes, y si se te olvida, puedes atar un cordón en tu dedo y sencillamente sonreír cada vez que lo veas o lo sientas. La sonrisa tiene un gran poder sobre nuestro estado de ánimo.

Dedica 5 minutos diarios para relajarte y meditar. Esto te ayudará a liberarte de cualquier preocupación o angustia que no te deje en paz. Primero busca un lugar tranquilo donde te puedas poner cómodo, comienza a respirar profundamente contando hasta 4 mientras inhalas, mientras retienes el aire y al exhalar. Trata de mantener tu mente en blanco, y disfrutar el estar vivo y las sensaciones agradables de tu cuerpo.

Reserva tiempo para ti mismo. Es importante que dediques al menos media hora en hacer algo que disfrutes.

Puede ser leer un buen libro, ver una película, comer tu platillo favorito o simplemente sentarte a relajar.

Mira el lado positivo de las cosas. Cuando te suceda algo malo, piensa que todo tiene un lado positivo, los obstáculos y problemas están ahí para que aprendamos alguna lección importante, y también las personas sus tienen cualidades. Si aprendes a ver sólo el lado positivo de todo lo que te rodea, te sentirás mucho mejor.

Nunca critiques ni te quejes. Las personas que se la pasan criticando a los demás y quejándose de todo, malgastan su energía y se vuelven incapaces de tener éxito. Además, se vuelven pesimistas y contagian a más personas de su mal humor.

Esfuérzate por lograr lo que quieres. La gente suele perderle el sentido a la vida, cuando no tiene sueños o los ha perdido. Tener metas y trabajar para alcanzarlas te ayudará a mantenerte motivado, alegre y apasionado por lo que haces cada día de tu vida. Si sabes que tu esfuerzo te traerá grandes recompensas, serás feliz trabajando en ello.

Tal vez no sea tan fácil sentirte feliz o sonreír sin razón, al principio. Pero estoy seguro de que lo puedes lograr con un poco de práctica. Ser feliz es sólo cuestión de cambiar tu actitud, y si tomas en cuenta estos 7 consejos, lo vas a lograr.

Te reto a que realmente pongas en práctica esto que acabas de aprender hoy, ya que si no lo haces, seguirás igual como estás. Pero si tomas acción, notarás la diferencia y sentirás como todo va cada vez mejor en tu vida.

http://fortalecetuautoestima.com/blog/7-consejos-para-ser-feliz-y-desarrollar-tu-autoestima.html

¡GRACIAS!

Queremos agradecerte enormemente por haber comprado este libro y además felicitarte por haberlo terminado de leer, eres del 1% que tiene la oportunidad de tomar y lograr más éxito.

También queremos darte algunas recomendaciones finales que te ayudarán a conseguir lo que deseas en un menor tiempo y con mejores resultados:

- **No regales este libro:** Mejor compra otro y regálalo con una dedicatoria especial para aquella persona, verás que esto le hará el día y además te permitirá volver a leer este libro una y otra vez para que vayas teniendo nuevos aprendizajes, pues cada vez que lo leas estarás preparado para recibir cierta información.

- **Pon en práctica de inmediato lo aprendido:** No dejes pasar ni un instante para empezar a practicar, olvídate de la pena (la pena para nada sirve y para todo estorba) y comienza a tener excelentes resultados, y

- **Visita, suscríbete y comparte nuestros Videos de YouTube:** hemos creado una enorme cantidad de videos gratuitos para que puedas ir perfeccionando tus habilidades de venta, ¡no dejes pasar esta oportunidad, búscanos en IGNIUSTV!.

Estamos al pendiente y para apoyarte en el perfeccionamiento de tus técnicas de ventas, escríbenos a: info@ignius.com.mx

¡Todo el Éxito!

Ana María Godínez

POR ÚLTIMO

Siempre hacemos nuestro máximo esfuerzo para soluciones que sean comprensibles, claras y que generen altos resultados para las personas y organizaciones, sin embargo, quizá hayamos cometido algunos errores. **Pedimos disculpas por eso.**

Nosotros ocupamos tu valiosa retroalimentación, si por acaso tienes algo que decirnos te agradecemos que sea directamente vía email ana@ignius.com.mx. Nosotros trabajaremos en tu mensaje y corregiremos lo neceario en una versión actualizada, ¡no tengas duda!.

Si estas contento con nuestro libro siéntete libre de compartir esta felicidad con tus amigos, familia, audiencia y seguidores, ellos te lo agradecerán también.

Te estaremos eternamente agradecidos si nos das una Reseña Positiva en Amazon y tus Estrellitas. Nosotros amamos a un cliente que esta contento y feliz.

¡Te deseamos todo el Éxito en la Vida y en los Negocios!

Mantente en Contacto.

Ana María Godínez

Solicitud de Información

Por favor envíenme información acerca de: Próximos talleres y eventos, Adquisición de libros, Servicios especializados de asesoría.

Nombre: _____

Compañía: _____

Teléfono:_____ (_____)

Dirección:_____

Ciudad:_____

Estado:_____

C.P:_____

País:_____

Para recibir la información señalada, favor de enviar este Email a: info@ignius.com.mx o llámanos al teléfono +52 (477) 773-0005.